Erhard Roy Wiehn   Aus Geschichte lernen

Erhard Roy Wiehn

Aus Geschichte lernen

Kolumnen zur Lage in der *Jüdischen Rundschau* Basel 1991-1996

Zeitgeschichtliche Einschätzungen in zeitlicher Distanz repetiert
mit einer Hommage an Jerusalem

Hartung-Gorre Verlag Konstanz

Umschlag-Titelfoto: Kótel (Westmauer, „Klagemauer“) in Jerusalem (Foto Erhard Roy Wiehn); Umschlag-Rückseite: Verfasser (Foto Josef Wicki / Basel)
Herstellung: BoD GmbH, Norderstedt.

1939–2019
80 Jahre Einmarsch der deutschen Wehrmacht in Polen – Beginn des Zweiten Weltkriegs und der Holocaust-Schoáh

Bibliographische Information Der Deutschen Bibliothek
Die Deutsche Bibliothek verzeichnet diese Publikation in der Deutschen Nationalbibliographie; detaillierte bibliographische Daten sind im Internet über <http://dnb.dnb.de> abrufbar.

Erste Auflage 2019
Hartung-Gorre Verlag Konstanz Germany
ISBN 978-3-86628-626-9 und 3-86628-626-0

Inhalt

In memory of Gretel Baum Meróm*

(Frankfurt am Main 23. Februar 1913 – Haifa 26. Januar 2019

* Gretel Baum-Meróm, Ich erinnere – Jüdisches Leben in Frankfurt am Main und in Israel. Eine Nachlese. – I remember – Jewish life in Frankfurt/Main and in Israel. Second thoughts 1913–1934–2008. Konstanz 2009; Julie u. Norbert Baum, Mein lieber Rudolf – My dear Rudolf / Elternbriefe aus Frankfurt am Main an den emigrierten Sohn in den USA / Parents letters from Frankfurt/Main to the emigrated son in the USA 1936–1941. (Deutsch und englisch) Bearbeitet von Gretel Baum-Meróm. Konstanz 2011

Vorbemerkungen: Kolumnen zur Lage damals – und heute?

Von den folgenden 33 Kolumnen zur Lage sind 27 von 1991 bis 1996 in der *Jüdischen Rundschau* (Basel) erschienen.[*] Sechs hier aufgenom-mene Beiträge wurden als Kolumnen vielleicht alternativ verfasst, wobei jedoch unklar ist, welche davon erschienen sind und welche nicht. Ungewiss ist auch, ob es veröffentlichte Kolumnen von mir gab, die nicht in der vorliegenden Sammlung enthalten sind, vermutlich ist diese jedoch korrekt. Im Jahre 1991 wurden 4 Kolumnen veröffentlicht, 1992: 5, 1993: 5, 1994: 4, 1995: 4, 1996: 5, in sechs Jahren also 27 Kolumnen.

Etwa 17 der folgenden Beiträge beziehen sich auf die Holocaust-Schoáh, acht Beiträge beschäftigen sich mit Israel[1] und dem Judentum, acht Beiträge thematisieren aktuelle Ereignisse; etliche Artikel haben mehrere Bezüge. Das Aneinanderreihen von Texten, die über sechs Jahre verteilt waren, führt hier zu gewissen Redundanzen, die jedoch in Kauf genommen werden. Wie aus der nachträglich eingefügten weiterführenden Literatur zu ersehen ist, haben etliche Kolumnen mit Themen zu tun, mit denen ich mich in meiner Edition Schoáh & Judaica seit 1983/84 beschäftige.

Die Erscheinungsdaten der Kolumnen wurden von der JR-Redaktion rechtzeitig vorgegeben, der Kolumnist musste dann überlegen, welches Thema eventuell zu welchem Datum passen könnte, und da gab es oft durchaus verschiedene Möglichkeiten. Entscheidend wichtig war schließlich die Überlegung, welches Thema jüdische Leserinnen und Leser zu einem gegebenen Zeitpunkt am meisten interessieren könnte, und das blieb natürlich Glücksache.

---

* Wolfgang Hartung-Gorre wird für das freundliche Scannen sämtlicher Texte herzlichst gedankt! (E.R.W)

[1] Darin kommt z.B. der Gazastreifen, der gegen Ende März 2019 wieder die Schlagzeilen beherrscht, nicht vor, da sich Israel erst ab dem 15. August 2005 daraus zurückgezogen hatte; https://de.wikipedia.org/wiki/Gazastreifen

Dabei war nun wiederum zu bedenken, dass diese Kolumnen in der schweizerischen *Jüdischen Rundschau*[2] wohl vor allem von Schweizerinnen und Schweizern gelesen wurden. Durch meine direkte Schweizer Nachbarschaft in Konstanz und durch meine engen Kontakte zur und baldigen Mitgliedschaft in der Jüdischen Gemeinde Kreuzlingen (Thurgau) hatte ich seinerzeit glücklicherweise vielseitige Gesprächs- und Diskussionsmöglichkeiten, die vielleicht nicht repräsentativ, aber doch sehr weitgespannt waren. In dieser Ausgabe sind fast alle originalen Überschriften nach einem Gedankenstrich inhaltlich ergänzt, um zu verdeutlichen, worum es in dem betreffenden Beitrag geht.

Die ersten 20 (davon 15 in der *Jüdischen Rundschau* erschienen) der hier gesammelten Kolumnen waren bereits in meinem Bändchen *Gewarnt – Kolumnen zur Lage, Vorworte und Rezensionen 1991-1994* (Konstanz 1994) abgedruckt. – Alle folgenden Beiträge mögen nun im Abstand von mehr als 20 und sogar fast 30 Jahren auch daraufhin gelesen werden, welche Themen sowie damit verbundene Einschätzungen, Befürchtungen und Hoffnungen damals berechtig waren und welche nicht – und welche sogar bis heute aktuell geblieben sind. – *Eine Hommage an Jerusalem* (S. 117 ff.) mag die gesammelten Kolumnen abrunden.

In meinem Vorwort zu *Gewarnt* hatte ich im Februar 1994 – vor 25 Jahren also – unter anderem geschrieben: "Es wurde und wird mit diesen Kolumnen (…) gewarnt, obwohl eigentlich schon genug gewarnt sein sollte, womit zugleich die Wirkungslosigkeit des Warnens eingeräumt wird. Die allgemeine Lage zu Beginn der 1990er Jahre erscheint alles andere als rosig, der mögliche Silberstreifen ist allenfalls geblieben, wo er war, nämlich am Horizont." – Mit diesem Silberstreifen am Horizont ist es auch heutzutage vielleicht nicht so gut bestellt wie es allerdings schlecht wäre ohne ihn.

Ende März 2019

---

[2] Im Jahre 2001 wurden die *Jüdische Rundschau Maccabi* (Basel) *und das Israelitische Wochenblatt für die Schweiz* (Zürich) im neuen *tachles* (Zürich) zusammengelegt.

1. Aus Geschichte lernen[3] – 50 Jahre nach Babyn Jar

Mit dem Überfall der Deutschen Wehrmacht auf die Sowjetunion am 22. Juni 1941 begannen vor 50 Jahren zugleich die Massaker an der jüdischen Bevölkerung, die darauf in keiner Weise vorbereitet war. Über die judenfeindliche deutsche Politik, die frühen NS-Untaten in Deutschland, die obwaltenden Verfolgungen in Polen, Frankreich und den anderen deutschbesetzten Gebieten hatte die sowjetische Presse nicht berichtet.

Am 19. September 1941, drei Tage vor dem jüdischen Neujahrsfest Rosch HaSchaná, war die ukrainische Hauptstadt Kiew gefallen; zehn Tage später , am 29. und 30. September 1941, kurz vor dem Versöhnungstag Jom Kippur, erschossen deutsche Sonderkommandos in einer damals am Stadtrand von Kiew gelegenen Schlucht namens *Babyn Jar* (russisch: *Babij Jar*) 33.771 Menschen, jüdische Männer , Frauen und Kinder. Nur einige wenige konnten dem Inferno durch Zufall entkommen; dieses Massaker von kaum vorstellbarer Grausamkeit wurde später nicht einmal in Auschwitz-Birkenau übertroffen. Der Massenmord von Babyn Jar war zwar nicht der Anfang deutscher Verbrechen gegen die Menschlichkeit, aber doch der Beginn des eigentlichen Holocaust, der jüdischen Schoáh. Die sogenannte "Endlösung der Judenfrage" hatte längst begonnen, noch ehe sie auf der Wannsee-Konferenz in Berlin am 20. Januar 1942 besiegelt wurde. Bis zur Befreiung Kiews durch die Rote Armee am 5. November 1943 wurden in Babij Jar insgesamt ca. 200.000 Menschen ermordet, darunter wahrscheinlich mindestens die Hälfte Juden.[4]

---

[3] Jüdische Rundschau (Basel), 15. August 1991; sofern nicht anders angegeben, sind alle Fotos vom Verfasser.

[4] Erhard Roy Wiehn (Hg.), Die Schoáh von Babij Jar – Das Massaker deutscher Sonderkommandos an der jüdischen Bevölkerung von Kiew 1941 fünfzig Jahre danach zum Gedenken. Mit einer Dokumentation. (Deutsche, englische, russische Texte) Konstanz 1991: *Vergriffen;* Erhard Roy Wiehn (Hg.), Babij Jar 1941 – Das Massaker deutscher Exekutionskommandos an der jüdischen Bevölkerung von Kiew 60 Jahre danach zum Gedenken. Konstanz 2001; Erhard Roy Wiehn, Kiew Babij Jar • Kiev Babi Yar • Бабин Яр у Києві – Ein fast vergessenes Verbrechen • An almost forgotten crime • Майже забутий злочин 1941. (Deutsch, englisch, ukrainisch). Konstanz 2011.

Die Massaker deutscher Einsatzgruppen waren spätestens Anfang des Jahres 1942 im Westen bekannt. Doch hier konnte oder wollte man das ganze Ausmaß der Gräueltaten zunächst nicht glauben, einschlägige Informationen wurden mehr oder weniger ignoriert oder wegzensuriert, wie etwa in der Schweiz 1943. Das Gewissen der Welt blieb allzu lange gänzlich ungerührt. Einem Teil der Mörder, vielfach Akademiker, wurde ab 1945 der Prozess gemacht, einige von ihnen hat man 1951 gehenkt, und seither gab es immer wieder Versuche, sie zu Opfern einer Siegerjustiz zu verklären. In der Sowjetunion wurde Babyn Jar zum Tabu befohlen, öffentliches Gedenken jahrzehntelang nachdrücklich verboten, ein umstrittenes Denkmal am falschen Ort zwar spät gestattet (Foto S. 21), aber erst seit sehr kurzer Zeit darf eine Inschrift in jiddischer Sprache an die jüdischen Opfer erinnern. Jewgenij Jewtuschenkos Gedicht von 1961 war mutig, der kürzliche Besuch des amerikanischen Präsidenten George Bush am Tatort in Kiew kann nicht hoch genug eingeschätzt werden. In Deutschland ist Babyn Jar bis heute kein Begriff und wird dennoch eine Chiffre deutscher Barbarei im 20. Jahrhundert bleiben.

50 Jahre nach Babyn Jar gibt es nun gleichwohl eine erstaunliche jüdische Auswanderung aus der Sowjetunion nach Deutschland. Sie sollte von allen Verantwortlichen als Vertrauensbeweis tatkräftig gewürdigt werden, wenn Menschen, die ihre angestammte Heimat verlassen zu müssen glauben, sich nach allem heute wieder dazu entschließen können, in deutschen Landen leben zu wollen. Ob sie dort übrigens auf Dauer bessere Lebenschancen haben als etwa in Israel, mag einstweilen dahingestellt bleiben. Der Supermarkt auf dem Friedhofsgelände des ehemaligen Konzentrationslagers Ravensbrück ist nur eine Lektion, die klar und deutlich macht, was im vereinten Deutschland noch zu tun bleibt, und zwar auch angesichts dessen, dass nicht unbedeutende intellektuelle und nationale Kreise in Deutschland die Beschäftigung mit dem Nazi-Regime unbedingt aufzukündigen fordern, um sich ab sofort mit dem Stalin- und Stasi-Regime zu befassen. Aber nicht nur der Schwammberger-Prozess in Stuttgart zeigt die lebendige Gegenwärtigkeit der Vergangenheit.

Babyn Jar Mahnmal in Kiew seit 1991

Geschichte ist irreversibel, und Vergangenheit vergeht nicht. Auch die Schoáh von Babyn Jar bleibt ein wesentlicher, ein unvergleichlich barbarischer Teil der europäischen wie der Weltgeschichte überhaupt. Es fragt sich also nur, wie bis jetzt schon und inskünftig damit umgegangen wird. Genau darin besteht übrigens die verbleibende, die wirkliche *deutsche Frage,* eben als einzigartige Frage der Deutschen an sich selbst. Diese deutsche Frage ist freilich bis heute keineswegs endgültig beantwortet. Eine Antwort müsste die entschiedene Abwehr vieler neuer Formen alter Judenfeindschaft ebenso einschließen wie die engagierte Verantwortung für die Existenz des Staates Israel. Dabei ist die deutsche Beteiligung an der Aufrüstung des Irak noch immer nicht aufgeklärt. Obwohl gerade das am Golfkrieg nicht beteiligte Israel dramatisch darunter zu leiden hatte, wird es zur Friedenskonferenz nun am meisten unter Druck gesetzt. Dazu kommen die schweren Vorwürfe von Amnesty International bemerkenswert zeitgleich, sollten aber hoffentlich umgehend aus der Welt zu schaffen sein. Die Lage ist kompliziert genug.

Lernen aus Geschichte bleibt also in vieler Hinsicht fraglich, wenn auch eine notwendige Hoffnung. Denn es gibt eben nicht nur die Vergangenheit, sondern auch eine Zukunft. Und es gibt jene unendlich kurze, aber entscheidende Brücke, die Vergangenheit und Zukunft miteinander verbindet, nämlich den Augenblick der Gegenwart. Eingedenk alles Vergangenen die Augenblicke dieser Gegenwart als Möglichkeiten des neuen Anfangs einer besseren Zukunft zu nutzen, darin liegt die Chance einer konstruktiven, kreativen, produktiven Auseinandersetzung mit der Vergangenheit, des Lernenwollens und Lernenkönnens aus Geschichte, das stets mit vergegenwärtigender Erinnerung beginnt und keinesfalls zu einem Holocaust-Kult führen muss. In diesem Sinne kann also auch die Lehre von Babyn Jar und anderer Massaker vor 50 Jahren nur lauten: Erinnern und Gedenken, Lernen und Handeln, mit allen guten Kräften ein neues europäisches Haus, eine menschlichere Welt zu verwirklichen suchen, im kleinen wie im großen an einer gerechteren Lebensordnung in Europa und der Welt mitwirken helfen, die kaum ein Begriff besser zu fassen vermag als *Schalom*.

Davon freilich ist die Menschheit selbst nach dem Ende des kalten Krieges noch immer ungefähr so weit entfernt wie der Horizont, auch wenn dieser infolge der neueren politischen Großwetterlage nun tatsächlich eine Art Silberstreifen aufzuweisen scheint.

2. Nicht nur ein Held der Sowjetunion[5] – in Moskau

Wer die bewegenden Bilder gesehen hat, wird sie so schnell nicht vergessen. Am vierten Samstag im August 1991 wurden von einer riesigen Trauergemeinde in Moskau drei junge Männer zu Grabe getragen,

[5] Im August 1991.

die in einer der vorangegangenen Schreckensnächte ihr Leben im Kampf gegen die Panzer der Putschisten verloren hatten.

Zwei von ihnen erhielten erstmals seit der *Oktoberrevolution* eine Art christliches Staatsbegräbnis. Dem Dritten spielte ein Fiedler zum Abschied jiddische Weisen; sein Sarg war mit einem Tallit, dem jüdischen Gebetsschal bedeckt. Rabbiner waren zugegen, Männer trugen öffentlich die Kippa, die traditionelle jüdische Kopfbedeckung. Vermutlich erstmals seit wenigstens 1948, wenn nicht überhaupt, wurde bei einem sowjetischen Staatsbegräbnis "Kaddisch", das jüdische Totengebet gesprochen. Der tote junge Mann war Jude. Er soll zwischen den beiden anderen Opfern sogar an einem Schabbat begraben worden sein, in jeder Hinsicht ein schier unglaublicher Vorgang. Staatspräsident Gorbatschow hatte zuvor alle drei zu "Helden der Sowjetunion" erklärt, ihnen also posthum die höchste Auszeichnung des Landes zuteilwerden lassen. Man wird sehen, welchen Einflussdies alles auf das jüdische Leben in der Sowjetunion und auch auf die jüdische Auswanderung haben wird.

Der Putsch selbst war zunächst ein Schock gerade für die sowjetischen Juden, und zwar sowohl für diejenigen, die auswandern wollen, weil sie sofort fürchten mussten, dass ihnen dies nicht mehr möglich sein könnte, als auch für diejenigen, die bleiben wollen, weil sie bangten, dass vielleicht schon wieder eine Zeit der Repression bevorstand. Vor Ort konnte man in diesen dramatischen Tagen miterleben, wie zunächst alle fassungslos den Atem anzuhalten schienen, wie alte Angst, Ratlosigkeit und Resignation zurückzukehren drohten, die aber alsbald in Zorn und in den Willen zum Widerstand umzuschlagen begannen und das nicht nur in Moskau. Wieder einmal sollte sich zeigen, dass der Wille zur Freiheit stärker sein kann als Panzer, auch wenn es dazu allemal ein gewisses Glück zu brauchen scheint. Arafat, Sadam Hussein und ihresgleichen hatten sich zu früh gefreut.

Denn zweifellos hätte es auch anders kommen können, und noch sind die Verhältnisse keineswegs stabil. Noch immer ist vieles möglich, und es wäre womöglich fast ein Wunder, wenn sich die Nutznießer des alten Systems tatsächlich, schon geschlagen geben würden. Aber auch dann blieben noch Probleme und Gefahren genug. Einstweilen freilich sollte man die neuen großen Chancen sehen und vonseiten der westlichen Welt klugerweise großzügig helfen, wie und wo man nur kann, und zwar nicht zuletzt im eigenen Interesse. Alles andere könnte allen unvergleichlich viel teurer zu stehen kommen, auch den Juden in den neuen Republiken der alten Sowjetunion.

Holocaust-Memorial (Teilansicht) in Moskau

Die jüdische Geschichte der alten Sowjetunion war wechselhaft genug. So hatte die Februar-Revolution von 1917 den Juden die Gleichberechtigung gebracht, doch gleich nach dem Oktoberputsch Lenins folgten die nächsten Pogrome. Zwischen 1917 und 1948 konnten zahllose Schriften in jiddischer Sprache erscheinen, aber den Stalinschen Säuberungen der dreißiger Jahre fielen auch viele Juden zum Opfer. "Sowjetische jüdische antifaschistische Komitees" durften nach dem Überfall der deutschen Wehrmacht 1941 zwar in aller Welt um Hilfe für die Sowjetunion bitten, und im Jahre 1947 trat Gromyko vor der UNO in New York zwar vehement für die Gründung des Staates Israel ein, der von kommunistischen Staaten im Unabhängigkeitskrieg dann auch tatkräftig unterstützt wurde; doch beinahe gleichzeitig begann eine der schlimmsten judenfeindlichen Kampagnen in der Sowjetunion und darüber hinaus, der allein 450 Schriftsteller, Schauspieler, Musiker, Maler und Bildhauer zum Opfer fielen, von Ärzten, Politikern und ungezählten anderen ganz zu schweigen. Einige wurden erst 1988 rehabilitiert.

Die riesigen jüdischen Auswanderungswellen der allerletzten Jahre hatten also ihren blutigen Erfahrungshintergrund. Zudem ließen Glasnost und Perestroika vielerorts eine neue alte ordinäre Judenfeindschaft zutage treten, die womöglich Schlimmeres verhieß. Noch vor wenigen Jahren gehörte schon viel Mut dazu, sich etwa auf der Abschiedsparty eines jüdischen Freundes auch nur sehen zu lassen. Die große Zahl emigrierter Ärzte, Ingenieure, Künstler, Lehrer und Wissenschaftler bedeutet indessen schon jetzt einen äußerst herben Verlust für die Sowjetunion. Dennoch gab und gibt es viele, die wohl kaum an Auswanderung denken mochten, nicht nur Menschen in sogenannten Mischehen. Schließlich haben viele in diesen Jahren ein neues Selbstbewusstsein entwickelt, führende Stellungen behauptet und durchaus auf neue Lebenschancen gehofft, nicht zuletzt auch auf ein neues jüdisches Leben in ihrem Land.

Erfahrung und Erfolg des unglaublich mutigen Widerstandes in einer zunächst ganz aussichtslosen Lage werden von weltgeschichtlicher Bedeutung bleiben. Ein menschenverachtendes System scheint endgültig zu Fall gebracht, ein gewaltiges Imperium zerfällt jedenfalls mit atemberaubender Geschwindigkeit, nachdem es freilich längst schon morsch geworden war. Vielleicht wurde ein historischer Durchbruch geschafft, auch wenn gewiss nicht alle Blütenträume eines menschenwürdigen Lebens in einem freiheitlichen, marktwirtschaftlich orientierten und friedlichen Rechtsstaat allzu schnell werden reifen können

Aber drei dramatische Tage im August 1991 haben das neue, freiheitliche Bewusstsein vieler Menschen in der gerade dadurch weiter auseinanderbrechenden Sowjetunion wie wohl nie zuvor geprägt, auch das jüdische Selbstbewusstsein, und vielleicht nicht einmal nur dort. Der *point of no return* scheint erreicht oder gar überschritten. Drei tote junge Menschen haben großen Anteil daran, unter ihnen Ilja Kritschewski, ein jüdischer Junge, *Held der Sowjetunion,* und nicht nur dieser.

3. Freiheit und Erinnerung im Baltikum – 1991[6]

Wer sich über die soeben wiedergewonnene Souveränität der baltischen Staaten nicht mitfreuen mochte, dem war nicht zu helfen. So jedenfalls schien es zunächst; dem hat inzwischen der litauische Generalstaatsanwalt Artusas Paulaskas ein wenig abgeholfen, indem er mehr als tausend Personen teils posthum rechtlich rehabilitierte, zwar angeblich nur Opfer der Stalinjustiz, aber offensichtlich auch als Judenmörder bekannte einheimische Kriegsverbrecher. Der amerikanische Staatspräsident George Bush, Nobelpreisträger Elie Wiesel, das Simon-Wiesenthal-Center in Los Angeles, Amerikaner litauischer Her kunft und andere haben prompt reagiert bzw. protestiert. Freiheit und Erinnerung im Baltikum.

Litauen,[7] Lettland[8] und Estland[9] waren in einem geheimen Zusatzabkommen des Hitler-Stalin-Paktes vor 52 Jahren bekanntlich der Sowjetunion einverleibt worden, was zwar von etlichen bedeutenden

[6] Jüdische Rundschau (Basel), 4. Oktober 1991.

[7] Solomon Atamuk, Juden in Litauen – Ein geschichtlicher Überblick vom 14. bis 20. Jahr-hundert. Aus dem Litauischen von Zwi Grigori Smoliakov. Konstanz 2000; Leo Lewinson, Der unvergängliche Schmerz – Zum Leben und Leiden der litauischen Juden. Ein persönlicher Bericht 1920-1945. Konstanz 2001.

[8] Max Kaufmann, Churbn Lettland – Die Vernichtung der Juden Lettlands. (Reprint zum Gedenken an Max Kaufmann) Konstanz 1999; Jehuda Beiles, Dem Massengrab entkommen – Ein Augenzeuge berichtet über die Schoáh in Kaunas und Kaufering. 128 Seiten, Fotos u. Dokumente. Herausgegeben unter Mitarbeit von Marie-Elisabeth Rehn. Mit einer DVD über den Autor. Konstanz 2010.

[9] Juri Reinvere, "Das Trugbild vom Musterknaben – Estland galt lange als europafreundlich, liberal und technologieaffin. Nun ist dort eine rechtspopulistische Partei, die mit Holocaust-Leugnern sympathisiert und Homosexualität verteufelt, zu Koalitionsgesprächen eingeladen. Wie konnte es so weit kommen? In: Frankfurter Allgemeine Zeitung, Nr. 70, 23. März 2019, S. 9.

Staaten niemals anerkannt, aber doch fast bis gestern respektiert geblieben war. Die deutsche Regierung gehörte übrigens nicht zu den allerersten, die sich zur Wiederanerkennung der baltischen Staaten drängten, bevor der große Run begann. Dafür gab es sowohl aktuelle Gründe dankbarer Rücksichtnahme auf Moskau als auch vielleicht sogar Gründe einer gewissen historischen Scham. Denn faktisch hatte eigentlich die deutsche Wehrmacht vor 50 Jahren der Freiheit des Baltikums ein definitives Ende gesetzt. Dies fand in den letzten Wochen ebenso selten die gebührende Beachtung wie die Tatsache, dass auch im deutschbesetzten Baltikum damals unverzüglich sogenannte "Einsatzgruppen" ihr blutiges Handwerk begannen und als Mordkommandos der SS ein jahrhundertelanges blühendes jüdisches Leben innerhalb weniger Wochen restlos vernichteten.

Während der verheerenden Judenverfolgung im 14. Jahrhundert hatte der litauische Freiheitskämpfer Gediminas bedrängte Juden Westeuropas in das damals noch kleine Herzogtum Litauen gerufen, aus dem alsbald ein ausgedehntes und durchaus mächtiges Reich werden sollte. Litauen entwickelte sich jedenfalls auch zu einem Hort des jüdischen Lebens und Vilnius zu dessen geistigem Zentrum, zum "Jerusalem Litauens". Rabbi Elijahu ben Schlomo, der "Gaon von Vilnius" (1720-1797), gilt als fast so bedeutend wie Maimonides, Mosche ben Maimon (1135-1204). Anfang des 19. Jahrhunderts gab es für rund 75.000 Juden – fast die Hälfte der Einwohnerschaft – mehr als 200 Synagogen in Vilnius; die jüdische Bibliothek enthielt über 35.000 Bände und wertvolle Manuskripte. Das jiddische Theater von Wilna war weltbekannt; früh schon gab es jüdische Arbeiterorganisationen. Und es gab auch eine gewisse bodenständige Judenfeindschaft, die den damaligen deutschen Besatzern sehr entgegen kam.

Im Jahre 1941 erschossen Mitglieder der Einsatzgruppe A in den ersten drei Wochen der deutschen Besatzung in Kowno rund 3.000, in Vilnius 5.000, in Riga 400, in anderen baltischen Städten mindestens 7.000 Menschen. In Estland wurde bereits 1934 zur Judenfeindschaft aufgerufen, etwa 3.000 estnische Juden konnten später in die Sowjetunion fliehen, 1.000 wurden in Tallinn/Reval erschossen. Schon bis Oktober 1941 waren in Litauen rund 66.000 Menschen ermordet worden. Bis Mitte Dezember 1941 wurden im Getto von Riga mehr als 25.000 Menschen erschossen,[10] unter ihnen der berühmte Historiker Simon Dubnow, damals 81 Jahre alt. Auf einer Landkarte verzeichnete die Einsatzgruppe A im Januar 1942 für Litauen 136.421, für Lettland 35.238, für Estland 963 Exekutionen, deren Gesamtzahl jedoch bei ca. 230.000 liegen dürfte. Bei diesen Mordaktionen waren auch Einheimische beteiligt, und Einheimische haben sich später unter anderem auch in den Wachmannschaften deutscher Konzentrationslager sowie im berüchtigten 12. Hilfsbataillon hervorgetan. Wie es scheint, wird das Baltikum jetzt von dieser Vergangenheit eingeholt, und es bleibt abzuwarten, wie damit umgegangen wird.

Holocaust-;Memorial auf dem alten jüdischen Friedhof in Riga

Die heutigen Juden von Vilnius – und wahrscheinlich auch anderer Städte sind aus Russland und der Ukraine eingewandert; ihnen ist nur-

[10] Arkadius Scheinker, Schoáh in Riga – Nach schöner Kindheit in Riga durch das Ghetto Riga im Arbeitskommando BdO, dann im TWL Riga-Mühlgraben und durch die KZs Stutthof bei Danzig und Danzig-Burggraben im KZ Gottenhof/Pommern befreit. Konstanz 2009.

mehr eine einzige Synagoge geblieben. Seit einiger Zeit schon waren sie formell gleichberechtigt; und wie andernorts in der ehemaligen Sowjetunion existiert eine "Gesellschaft für jüdische Kultur". Die Zukunft des jüdischen Lebens im Baltikum erscheint jedoch durchaus ungewiss. Zwar lebt heute in den baltischen Staaten eine neue Generation, die hoffentlich ihre Chance zu nutzen weiß; wegen der großen polnischen und russischen Minderheiten werden aber schon erste Spannungen mit den Nachbarländern spürbar. Doch die Reife werdender Demokratien zeigt sich gerade im toleranten Umgang mit ihren Minderheiten und nicht zuletzt mit ihrer Vergangenheit. Die neue Freiheit weckt unweigerlich alte Erinnerungen, solche und solche, und sie wird noch manche Überraschungen bringen, nicht nur im Baltikum. Es wird sich übrigens auch erst noch zeigen, inwieweit die versprochene westliche Hilfe, sofern sie denn hoffentlich kommt, bei der Lösung der wirklichen Kernprobleme tatsächlich zu helfen vermag.

Wenn der litauische Staatspräsident indessen versucht haben sollte, die pauschale Rehabilitierung von einheimischen Nazikriegsverbrechern zu widerlegen, so kann man nur hoffen, dass ihm dies überzeugend gelingt. Denn es steht mehr als nur die Glaubwürdigkeit der neuen Republik Litauen auf dem Spiel. Doch "Die Zeit offenbart alles", so Elijahu ben Schlomo, der Gaon von Vilnius: "wie eine Waagschale hebt sie das Leichte hoch und lässt das Schwere niedersinken."

4. Ein deutscher Prozess[11] – gegen einen SS-Mann

Ende Juni 1991 begann vor der 9. Strafkammer des Landgerichts Stuttgart der Prozess gegen den 79-jährigen früheren SS-Oberscharführer (Feldwebel) Josef Schwammberger. Er wird von der Staatsanwaltschaft beschuldigt, als Kommandant des Ghettos Przemysl sowie der Zwangsarbeitslager Mielec, Przemysl und Rozwadow im damals deutschbesetzten Polen zwischen 1941 und 1944 mindestens 45 Menschen eigenhändig ermordet, Beihilfe zum Mord an weiteren 3.377 Personen geleistet, "aus niedrigen Beweggründen getötet und in meh-

[11] Jüdische Rundschau (Basel), 5. Dezember 1991.

reren Fällen seine Opfer in grausamer Weise zu Tode gequält zu haben", 52 Gräueltaten sind gesondert aufgelistet. Die Biographie des Angeklagten ist wie aus dem schwarzen Bilderbuch der Nazizeit und spiegelt überdies ein düsteres Kapitel Nachkriegszeit. Der späte NS-Prozess ist ein warnender deutscher Prozess im beunruhigenden Wandlungsprozess des heutigen Deutschland.

Josef Schwammberger, geboren 1912 im seinerzeit österreichischen Brixen, war gelernter Kaufmann, alsbald arbeitslos, 1933 der NSDAP und SS beigetreten, 1939 nach Krakau versetzt worden. Im Jahre 1945 erstmals festgenommen, 1947 in Innsbruck verhaftet, floh er aus der Untersuchungshaft nach Argentinien und erhielt 1965 die dortige Staatsbürgerschaft. Im November 1971 informierte Simon Wiesenthal die zuständige Staatsanwaltschaft Stuttgart über den genauen Aufenthaltsort Schwammbergers; die Staatsanwaltschaft Stuttgart stellte im September 1972 einen Auslieferungsantrag an Argentinien. Schwammberger konnte jedoch untertauchen, erst im September 1987 verhaftet, im Frühjahr 1990 an die Bundesrepublik Deutschland ausgeliefert und in Untersuchungshaft genommen werden. Sein Prozess begann mit einer neonazistischen Demonstration, verlief seither aber durchaus ruhig; dem Angeklagten wurde gutachterlieh eine zeitlich begrenzte Verhandlungsfähigkeit bescheinigt.

Etliche der rund hundert vorgesehenen Zeugen aus Israel, Kanada und anderen Ländern haben inzwischen vor dem Stuttgarter Landgericht ausgesagt und den Angeklagten schwer belastet: Der "Schrecken des Ghettos" habe die ankommenden Menschen zunächst beraubt, später viele eigenhändig erschossen; völlig schuldlos Inhaftierte seien geschlagen und grausam gefoltert, Kleinkinder aus den Fenstern oder gegen Wände geschleudert worden, weil man keine Kugeln verschwenden wollte. Zeugen berichten, Kinder seien dem Lagerkommandanten "paarweise" zur Erschießung zugeführt, ein andermal seien 60 Kinder auf einmal erschossen worden; Schwammberger damals: "Man muss einfach draufschießen!" Die Aufzählung schier unvorstellbarer Grausamkeiten ist unerträglich und muss hier einfach abgebrochen werden.

Doch der mutmaßliche "Herr über Leben und Tod" , "ein Sadist", – "Juden zu töten, ich glaube, das war für ihn nur ein Spiel", denn "Sein Hobby war Juden erschießen" –, der "Staatsanwalt, Richter und Henker", dessen "prächtiger großer" Schäferhund namens "Prinz" auf Menschenjagd abgerichtet war, der damalige SS-Oberscharführer, "ein gut aussehender Mann", der mit Frau und Söhnchen eine Villa mit gepflegtem Rosengarten unweit des Ghettos bewohnte, – dieser heutige Angeklagte kann oder will sich partout an nichts mehr erinnern, macht es allen Prozessbeteiligten äußerst schwer, zeigt auch angesichts der detaillierten Augenzeugenberichte keinerlei Gemütsregung, scheint ungefähr so teilnahmslos zuzuhören, wird berichtet, "wie einer, der versehentlich ins Theater geraten ist und das Stück nicht versteht".

Der frühere SS-Oberscharführer genießt in Stuttgart-Stammheim selbstverständlich ärztliche Fürsorge inklusive Massage sowie alle Rechte rechtsstaatlicher Justiz; der Vorsitzende Richter versicherte zum Prozessbeginn ausdrücklich das Bemühen des Gerichts um einen "absolut fairen Prozess". Die Mitglieder der 9. Strafkammer des Stuttgarter Landgerichts besuchten inzwischen den Tatort Przemysl in Polen, um die Zeugenaussagen durch Augenschein zu überprüfen, soweit dies überhaupt möglich ist: "Alle Prozessbeteiligten waren sichtlich bewegt, den kaum veränderten Schauplatz der grausigen Zeugenberichte aus dem Gerichtssaal mit eigenen Augen zu sehen", heißt es in einem Korrespondentenbericht: Die Besichtigung der Schule und der Turnhalle, in der nach Zeugenaussagen mehr als 1000 der inhaftierten Juden zusammengetrieben und später bei stundenlangen Exekutionen ermordet worden waren, habe zu den eindrucksvollsten Erlebnissen des Gerichts gehört.

Schwammberger stand immerhin auf der Liste der zehn meistgesuchten Kriegsverbrecher des Wiener Dokumentationszentrums und hatte wohl nicht nur für Simon Wiesenthal "das Recht verwirkt, in Ruhe zu sterben", der überdies vermerkte, das späte, sehr späte Verfahren, – das viel früher hätte stattfinden müssen und können –, sei jedenfalls "eine Warnung für die Mörder von morgen, die vielleicht heute schon geboren sind", wobei er sich darin hoffentlich nicht irrt. Der Schwammberger-Prozess dürfte indessen tatsächlich eines der letzten größeren NS-Verfahren sein; aus historischen, moralischen und rechtlichen Gründen gerade im Kontext des derzeitigen beunruhigenden national-sozialökonomisch-politischen Wandels im heutigen neuen Deutschland auch fünfzig Jahre später und trotz aller Stasi-Vergangenheit noch immer ein notwendiger, ein warnender deutscher Prozess.

Denn im Unterschied zu vielen sich nicht betroffen fühlenden Zeitgenossen ist den meisten überlebenden Opfern, auch den bedauernswerten Zeuginnen und Zeugen in diesem schrecklichen Prozess, die Vergangenheit noch immer fast so gegenwärtig, als ob alles erst gestern geschehen wäre. Erinnert, verdrängt oder vergessen ist all das scheinbar Vergangene zweifellos ein wesentlicher Teil der Gegenwart geblieben und wird in mancher Hinsicht sogar die Zukunft mitbestimmen. Öffentlichkeit, Presse und Schulklassen können durch diesen Prozess hautnahe Gegenwärtigkeit einer Vergangenheit erleben, die niemals vergeht. Gerade angesichts dieser Lektion deutscher Geschichte sind die derzeitigen rassistischen, rechtsradikalen, neonazistischen Ausschreitungen nicht nur eine Schande, wie sogar der deutsche Bundeskanzler neuerdings bemerkte, sondern vor allem eine ernste Warnung für das heutige Deutschland.

5. Jüdisches Leben in der Ukraine[12] – früher und heute

Am 1. Dezember 1991 haben sich die rund 37 Millionen wahlberechtigten Ukrainerinnen und Ukrainer mit großer Mehrheit für die staatliche Unabhängigkeit ihres Landes ausgesprochen und somit die vom Parlament in Kiew am 24. August 1991 proklamierte "Unabhängigkeit der Ukraine und Gründung eines selbständigen ukrainischen Staates" bestätigt. Nach fast 350 Jahren wird die Ukraine, das "Land an der Grenze", also in die Eigenstaatlichkeit zurückkehren, mit 52 Millionen Einwohnern ist in Osteuropa eine neue Mittelmacht entstanden, die sogar über Atomwaffen verfügt. Polen hat die neue Ukraine bereits anerkannt, Kanada und die USA mit starken ukrainischen Minderhei-

[12] Jüdische Rundschau (Basel), 12. Dezember 1991, S. 2.

ten dürften bald folgen. Damit wird Michail Gorbatschow zu einem Präsidenten ohne Land und Macht, sein Abgang scheint nur noch eine Frage der Zeit. Osteuropa wird sich noch radikaler umgestalten, als viele bisher anzunehmen bereit waren. Gut oder schlecht für die Juden in der Ukraine ?

Das jüdische Leben in Osteuropa ist weit über 1000 Jahre alt;[13] denn Juden dürften von Byzanz kommend bereits seit Ende des 7. bzw. Anfang des 8. Jahrhunderts in Südrussland und in der Ukraine ansässig gewesen sein, also vielleicht sogar noch vor den slawischen Stämmen. Kiew als "Mutter aller russischen Städte" ist nicht durch Slawen gegründet worden, sondern erscheint im 9. Jahrhundert als eine chazarische Befestigung unter dem Namen *Sambata,* und es gibt gute Gründe für die Annahme, vermuten Historiker, dass sich unter den ersten damaligen Siedlern auch Juden befanden. Unter ihrem Einfluss dürfte Ende des 8. Jahrhunderts die chazarische Oberschicht zum Judentum übergetreten sein. Auch als sich nach dem Jahre 860 die "Kiewer Rus" als erstes russisches Staatswesen formierte und der Kiewer Fürst Svjatoslaw 964/65 die Chazaren besiegte, sind chazarische Juden in Kiew verblieben; im frühmittelalterlichen christlichen Kiew soll es sogar ein "Jüdisches Tor" gegeben haben. Die Juden scheinen in der Kiewer Blütezeit des 11. und 12. Jahrhunderts eine tatkräftige Bevölkerungsgruppe gewesen zu sein, haben unter den warägischen Herrschern auch am politischen Leben teilgenommen und 1240 gegen Khan Batus Tataren gekämpft.

Unter der Herrschaft der Tataren bzw. Mongolen 1240-1320 genossen die Juden gleichwohl Schutz, erhielten unter litauischer Herrschaft ab 1322 gewisse Lebens- und Eigentumsrechte, gerieten während des Tatareneinfalls 1482 teilweise in Gefangenschaft, wurden 1495 aus Kiew ausgewiesen, kehrten 1503 zurück, kamen 1569 unter polnische Herrschaft, konnten sich ab 1619 nur aus Geschäftsgründen in der Stadt aufhalten, mussten 1648 unter dem Kosakenhetman Bogdan

---

[13] Jakob Honigsman, Juden in der Westukraine – Jüdisches Leben und Leiden in Ostgalizien, Wolhynien, der Bukowina und Transkarpatien 1933-1945. Aus dem Russischen von Juri Schatton, herausgegeben von Raymond M. Guggenheim u. Erhard Roy Wiehn. Konstanz 2001.

Chmelnitzkij schwere Massaker erdulden, durften ab 1667 wiederum nicht mehr in der Stadt wohnen, als Kiew unter Moskauer Herrschaft gekommen war. – Ende des 18. Jahrhunderts lebten rund 260.000 Juden in der Ukraine, in Medschybisch/Westukraine wird das Grab Israel ben Eliezers, des Baal Schem Tow (1700-1760), verehrt. Erst 1793 wurde die jüdische Gemeinde Kiew wiederbegründet, 1815 lebten etwa 1.500 Juden in der Stadt, es gab zwei Synagogen und andere Gemeindeeinrichtungen. Im Jahre 1827 wurde den Juden das Wohnrecht wieder einmal abgesprochen, aber erst 1835 verließen sie die Stadt und kamen ab 1843 nach und nach zurück. Im Jahre 1872 gab es bereits rund 14.000 (11.8 %) Juden in der Stadt, die Verfolgung von 1881 ruinierte hunderte von Familien, 1897 lebten jedoch 31.800 (12.8 %) Juden in Kiew, und 1898 wurde die zentrale Synagoge gebaut. In den Jahren 1905, 1911 und 1919 gab es abermals schwere Pogrome, ein russisches Wort, das gegen Ende des 19. Jahrhunderts in seinen heutigen Gebrauch kam und "Verwüstung" von Menschen und Gütern bedeutet. – Doch das jüdische Leben in Kiew ging weiter, schon 1913 betrug die jüdische Bevölkerung mit über 81.000 Menschen 13 % der städtischen Gesamtbevölkerung. Es gab Arme und Reiche, Arbeiter, Ärzte, Geschäftsleute, Rechtsanwälte und Schriftsteller. Scholem (Schalom) Alejchem (Rabinowitsch, 1859-1916), einer der Großen der jiddischen Literatur, wurde in der Ukraine geboren und lebte ab 1885 für eine Weile in der Stadt Kiew, die er in vielen seiner Geschichten als "Jehupez" verewigte. Noch während der ersten Jahre des Bestehens der Sowjetunion war dort ein Zentrum der jüdischen Kultur und Literatur.

Im Jahre 1939 lebten rund 175.000 Juden in Kiew, und nach dem Ausbruch des Zweiten Weltkriegs versuchten viele, in den Osten der Sowjetunion zu fliehen. Am 22. Juni 1941 begann der Überfall der deutschen Wehrmacht auf die Sowjetunion, die darauf genauso wenig vorbereitet war wie ihre jüdische Bevölkerung; am 19. September 1941 fiel Kiew, am 29. und 30. September 1941 erschossen deutsche Sonderkommandos in Kiew-Babyn-Jar fast 34.000 Menschen, jüdische Männer, Frauen und Kinder, ein Massaker von kaum vorstellbarer Grausamkeit. Während der über zweijährigen deutschen Besetzung wurde mit der jüdischen Bevölkerung in der Ukraine ein weit über tausendjähriges jüdisches Leben vernichtet.

Babyn Jar Memorial von Michail Lisenko und Anatoli Ignatschenko seit 1976

Bald nach der Befreiung Kiews Anfang November 1943 kehrten Tausende von Juden nach Kiew zurück, wo sie nicht immer mit offenen Armen empfangen wurden. Schon mit Beginn der sog. "Antikosmopolitenkampagne" 1948/ 49 hatte die jüdische Bevölkerung erneut schwer zu leiden, viele Intellektuelle wurden ermordet oder in Arbeitslager verschleppt, einige erst 1988 rehabilitiert. Im Jahre 1959 hat man in Kiew offiziell 154.000 (13.9%) jüdische Einwohner gezählt, doch das jüdische Leben war bis in die achtziger Jahre stark unterdrückt. Erst seit September 1991 gibt es in Kiew ein jüdisches Mahnmal in Form einer bronzenen Menorah für die Opfer von Babyn Jar (Foto S. 7). Der Besuch des amerikanischen Präsidenten George Bush am Babyn Jar sowie das überhaupt erste öffentliche Holocaust-Gedenken im Jahre 1991 unter Beteiligung des damaligen Parlamentspräsidenten und jetzt erstmals freigewählten Staatspräsidenten Leonid Krawtschuk können nicht hoch genug eingeschätzt werden.

Die anhaltende jüdische Auswanderung auch aus der Ukraine hat ihren schwarzen Erfahrungshintergrund. Dennoch gab und gibt es viele, die wohl kaum an Auswanderung denken mögen, nicht nur Menschen in sogenannten Mischehen. Schließlich haben viele in den letzten Jahren ein neues Selbstbewusstsein entwickelt, führende Stellungen erreicht und behauptet und durchaus auf neue Lebenschancen gehofft, auch auf ein neues jüdisches Leben in ihrem Land. Der Tod Ilja Kritschewskis während des Putsches im August 1991 ist mehr als ein Symbol. Es gibt wieder ein jüdisches Gemeindeleben, Gesellschaften für jüdische Kultur und in Kiew neuerdings sogar schon zwei jiddische Theater. Diesem neuen jüdischen Leben in der Ukraine muss alle denkbare Hilfe zuteilwerden, da es jetzt gilt, die mögliche Gunst der Stunde so gut wie nur irgend möglich zu nutzen. Dort jedenfalls setzt man alle Hoffnungen auf moralische und materielle Hilfe aus dem Westen. Denn es gibt auch die Gefahr eines neuen alten ordinären Antisemitismus in diesem Land. Doch das neue jüdische Leben in der Ukraine hat durchaus eine Chance, und zwar vielleicht gerade jetzt in einem eigenen Staat.[14]

[14]Dmitry B. Peisakhov u. Erhard Roy Wiehn (Hg.), Jüdisches Leben in Kiew – Eine Fotodokumentation. (Einführung in Deutsch, Englisch u. Russisch) Konstanz 1992/93; Dmitry Peysakhov, Jüdische Gesichter – Jewish Faces. Historische Bilder aus der Ukraine – Historical photos from Ukraine. Konstanz 2016.

6. Gettojunge gegen Ausländerfeindlichkeit[15] – in Konstanz

Das ebenso bekannte wie bewegende Bild des verängstigten kleinen jüdischen Jungen mit Schiebermütze und zur Ergebung erhobenen Händchen zwischen den Ruinen des Warschauer Gettos (vgl. dazu Jürgen Stroop, S. 143), auf den von hinten rechts ein deutsches Gewehr gerichtet ist, füllt seit Mitte Dezember (*1991*) die großflächigen Plakatwände an Bushaltestellen der Stadt Konstanz, wo sonst für Bier, Waschpulver oder Zigaretten geworben wird. Die Großplakate tragen die Überschrift: "1941 und heute?" Darunter ist zu lesen: "Konstanzer Unternehmen gegen Ausländerfeindlichkeit." Die Erläuterung: "Unternehmer, Geschäftsführende und Verantwortliche beziehen Stellung gegen die grassierende Auslän-derfeindlichkeit. Wir unterstützen Ausländer dort, wo es am sinnvollsten ist. Helfen auch Sie, gleich ob Un-

[15] Im Dezember 1991.

ternehmer/in oder Privatperson, durch eine Spende... Stichwort 'Ausländerfeindlichkeit'. Das gesammelte Spendengeld wird dem Deutschen Roten Kreuz zum Zwecke der diesjährigen Russlandhilfe zur Verfügung gestellt. Selbstverständlich erhalten Sie eine Spendenbescheinigung. Frohe Weihnachten und ein gutes neues Jahr 1992!"

Diese ungewöhnliche Werbung kann sich auf den ersten Blick wohl sicherlich sehen lassen: "Stellung beziehen, den Mund aufmachen, wenn pauschal gegen Ausländer gehetzt wird", genau diese Reaktion soll durch die erfreuliche Werbeaktion bewirkt werden. Denn der Konstanzer Werbegrafiker Henning Tartsch habe nicht länger tatenlos zusehen wollen, wie Ausländern das Leben in Deutschland schwer gemacht werde, heißt es in einem Zeitungsbericht: "Wir müssen jetzt etwas tun. Wehret den Anfängen." Damit wurde auf Plakatwänden, im lokalen Radio und in Zeitungsanzeigen eine ziemlich beispiellose Werbung gegen Ausländerfeindlichkeit und für Mitmenschlichkeit begonnen: "Mit der Stimme von Joseph Goebbels und den Hasstiraden der Bevölkerung von Hoyerswerda sollen Kinobesucher und Radiohörer wachgerüttelt und zum Nachdenken gebracht werden." Die beteiligten Unternehmen wollen damit zeigen, dass zumindest in ihren Betrieben Fremdenfeindlichkeit nicht geduldet wird. Eine lobenswerte Demonstration gerade in der christlichen Weihnachtszeit.

Doch schon vor einiger Zeit hatte bereits der Präsident des Deutschen Industrie- und Handelstages mit dem einfachen ökonomischen Argument gewarnt, die Ausländerfeindlichkeit könne sich negativ auf die Wirtschaftsentwicklung in der Bundesrepublik Deutschland auswirken: "Die Wirtschaft sei auf die ausländischen Arbeitnehmer sowie auf ein positives Bild im Ausland angewiesen; Millionen Arbeitsplätze hingen 'vom Verkauf unserer Waren und Dienstleistungen ans Ausland ab' ... Deutschland profitiere 'enorm' von den ausländischen Mitbürgern. Die Wirtschaft wolle künftig stärker über deren Beitrag zur deutschen Wirtschaftsleistung informieren. Die Politiker müssten dafür sorgen, dass der Missbrauch des Asylrechts aufhöre." Wobei es freilich mindestens genauso wichtig und vielleicht noch einfacher zu bewerkstelligen wäre, wenn die Politiker zunächst einmal ihre eigenen, unseligen Debatten über den Missbrauch und die Änderung des

Asylrechts in Deutschland beenden würden. Die Aussichten dafür sind jedoch trotz Weihnachtszeit im Vorfeld verschiedener Wahlen eher gering.

"Die geeinten Deutschen, die hässlichen Deutschen?", wurde unlängst in einer großen deutschen Wochenzeitung gefragt: Wer Hand an auch nur einen einzigen Ausländer lege, verübe einen Anschlag auf den liberalen Rechtsstaat und die freiheitliche Ordnung, der nicht minder schwer wiege als das Attentat auf einen Politiker. Das sächsische Hoyerswerda war indessen nicht nur zum Symbol für die Intoleranz von Deutschen geworden, sondern auch für das Versagen der Politiker. Rechtsintellektuelle haben öffentlich mit dem Feuer gespielt, indem sie anlässlich der Wiedervereinigung laut genug verkündeten, sich nun endlich wieder richtig als Deutsche fühlen zu können, was ihnen auch vorher niemand streitig machte, ihnen schon gar nicht. Skinheads und ihresgleichen zeigten alsdann, was sie damit meinen. – Inzwischen gab es allerdings nicht nur zahlreiche ausländerfreundliche Solidaritätsdemonstrationen in vielen Städten Deutschlands, sondern auch erste Gerichtsurteile gegen einschlägige Straftäter. Doch die Fremdenfeindlichkeit ist noch lange nicht unter Kontrolle. Wenn der Umgang mit Minderheiten ein zuverlässiges Zeichen für die Reife demokratischer Gesinnung sein sollte, dann bleibt nicht nur in Deutschland allerhand zu tun. Aber Hoyerswerda muss keinesfalls überall sein. Die Konstanzer Werbekampagne gegen Ausländerfeindlichkeit ist ein erfreuliches Beispiel für engagierten, couragierten Bürgersinn, hoffentlich nicht nur zur Weihnachtszeit.

Beispielhaft erscheint übrigens auch eine "ständige Konferenz" zur Förderung der Ausländerfreundlichkeit, die der Konstanzer Bürgermeister und Sozialdezernent Wilhelm Matthias Hansen gemeinsam mit den Dekanen der beiden christlichen Kirchen ins Leben rufen will. Stadt und Kirchen fordern mehr Toleranz gegenüber Fremden, und sie wollen die "Angst vor dem Fremden" als Hauptursache der Ausländerfeindlichkeit überwinden helfen; denn "gegen Ausländerfeindlichkeit anzugehen", sei eine "Daueraufgabe": Das "Leben mit Fremden müsse in Zukunft "Normalität" bleiben. Insbesondere wird auch "auf die Verständigung von in Konstanz lebenden Christen, Juden und Moslems" gehofft, "die miteinander ins Gespräch" gebracht werden sollen, – zwischen denen es allerdings vermutlich überhaupt keine Probleme gibt, weshalb es fraglich bleibt, ob durch diese Initiative überhaupt diejenigen erreicht werden können, die es angeht, insbesondere die nicht nur als Weihnachtsmänner, sondern als Biedermänner verkleideten Skinheads.

Was nun das bewegende Werbebild gegen Ausländerfeindlichkeit betrifft, so ist dieses als Analogie genaugenommen leider ein wenig schief geraten. Das vergrößerte Porträt ist nämlich dem Foto Nr. 13 des "Bildberichts" des SS Generals Jürgen Stroop entnommen, der die Vernichtung des Warschauer Gettos befehligte. Sein am 16. Mai 1943 datierter Gesamtbericht trägt den Titel "Es gibt keinen jüdischen Wohnbezirk in Warschau mehr!"; das Originalfoto trägt die Unterschrift "Mit Gewalt aus Bunkern hervorgeholt".[16] Der kleine Junge hat übrigens überlebt, und man kennt sogar seinen Namen; es ist ein polnisch-jüdisches Kind. Aber jüdische Kinder waren *vor* der deutschen Besatzung in Warschau genauso wenig Ausländer wie jüdische Kinder in Deutschland. Die deutschen Besatzer waren damals verhasste Ausländer in Polen und dies aus verständlichen Gründen. Ironie einer gutgemeinten und begrüßenswerten Werbeaktion gegen Ausländerfeindlichkeit. Trotzdem wird der verängstigte kleine jüdische Junge seine Werbewirkung für Mitmenschlichkeit hoffentlich nicht verfehlen; denn er könnte genauso gut das Nachbarskind von nebenan sein.

7. Die bleibende Erwählung[17] – Israels

Mit der erforderlichen Zweidrittelmehrheit hat die Synode der Evangelischen Kirche in Hessen und Nassau kürzlich beschlossen, ihre Verfassung – auf die alle Pfarrer, Synodalen und kirchlichen Mitarbeiter bei ihrem Dienstantritt verpflichtet werden – um zwei bemerkenswerte Sätze zu erweitern. Dieser Verfassungserweiterung waren mehr als dreijährige Diskussionen auf allen kirchlichen Ebenen vorausge-

[16] Erhard Roy Wiehn, Ghetto Warschau – Aufstand und Vernichtung 1943 fünfzig Jahre danach zum Gedenken. Konstanz 1993.

[17] Jüdische Rundschau (Basel), 9. Januar 1992.

gangen, wobei es auch an juristischen und theologischen Gutachten nicht fehlte. Die erstaunliche Beschlussfassung lautet: "Aus Blindheit und Schuld zur Umkehr gerufen, bezeugt sie (EKHN) neu die bleibende Erwählung der Juden und Gottes Bund mit ihnen. Das Bekenntnis zu Jesus Christus schließt dieses Zeugnis ein." – In der rund zweitausendjährigen Geschichte christlich-jüdischen Dauerkonflikts ist dies zweifellos eine in vieler Hinsicht bedeutsame theologisch-kirchenpolitische Aussage, die auf den ersten Blick als Fortschritt erscheint, doch gewiss auch zu mancherlei Fragen provoziert.

Was zunächst die Gründe für diese Entscheidung betrifft, so habe man damit eine möglichst verbindliche Aussage – nota bene – nicht über die Juden, sondern über das Verhältnis von Juden und Christen formulieren wollen; denn dieses Verhältnis sei sowohl durch den Holocaust als auch durch antijüdische Äußerungen im Neuen Testament der Christenheit sowie durch theologische Auslegungen von Bibeltexten belastet. Weiter hieß es, auch den Gegnern des Beschlusses müsse klar sein, "dass es ohne das Zeugnis zur bleibenden Erwählung der Juden kein Bekenntnis zu Jesus Christus, dem Juden, geben könne ... Die Christenheit habe die Bundestreue Gottes zum jüdischen Volk in Wort und Tat vielfach geleugnet", bemerkte Kirchenpräsident Spengler dazu, "die Heilsbedeutung Christi werde durch den Zusatz nicht eingeschränkt." Können Christen überhaupt weitergehen, als es die evangelischen Synodalen von Hessen und Nassau, obgleich zwar gewissermaßen im eigenen Interesse, durch ihr "Zeugnis" doch immerhin versuchten, sogar durch die Übernahme der "Blindheit" und "Schuld", die jahrhundertelang gerade "die Synagoge" negativ charakterisieren sollten?[18]

Nach jüdischer Tradition war und ist Israel indessen als Träger der Thora und des biblischen Erbes erwählt, also ohnehin niemals im Sinne irgendeiner arroganten Vermessenheit, sondern einer ganz außerordentlichen Verpflichtung. So heißt es in der hebräischen Bibel ausdrücklich: "Wenn ihr auf meine Stimme hört und meinen Bund halten

---

[18] Erhard Roy Wiehn, Judentum und Christentum – Gemeinsames und Trennendes im kurzen Überblick. Versuch einer vergleichenden Betrachtung als aktueller Denkanstoß. Konstanz 2010.

werdet, dann sollt ihr mir ein Eigentum sein..., ein heiliges Volk." Und "Nicht weil ihr mehr seid denn alle anderen Völker hat der Ewige euch begehrt und euch erwählt, denn ihr seid das kleinste unter den Völkern." (2 Mose 19,6 u. 5 Mose 7,7) Durch Prophetenworte wird sogar gewarnt: "Nur euch habe ich erwählt von allen Stämmen der Erde, darum werde ich an euch ahnden all eure Missetaten." (Amos 3,2) – Als die christliche Kirche das Erbe dieser Erwählung nach ihrem eigenen Verständnis in Anspruch genommen hatte, empfand sie sich in doppelt pervertierter Manier zugleich als Vollstrecker der biblischen Warnungen gegenüber dem jüdischen Volk, woran dessen jahrhundertelange Leidensgeschichte keinerlei Zweifel zu lassen vermag. Schon insofern kann das "Zeugnis" der Evangelischen Kirche von Hessen und Nassau an sich als gute Voraussetzung für die Möglichkeit eines neuen christlich-jüdischen Dialogs gewertet werden.

Im Hinblick auf den historisch-zeitgeschichtlichen Hintergrund dieser theologisch-politischen Argumentation und Beschlussfassung ist daran zu erinnern, dass man in der Tat häufig genug die Juden wegen ihres vermeintlichen "Erwähltheitsanspruchs" gehasst und verfolgt, judenfeindliche Aktivitäten nicht selten jedenfalls genau damit begründet hat. So wurde dieser bösartig unterstellte "Anspruch" immer wieder zum Stein des Anstoßes gemacht, als anmaßend und gar imperialistisch verdammt und noch vor wenigen Jahren von einschlägiger Seite in der Bundesrepublik Deutschland als Verstoß gegen Artikel (Menschenwürde) und Artikel 3 (Gleichheitsprinzip) des Grundgesetzes angeprangert sowie gegen die Völkerverständigung ausgelegt. Gelegentlich hat man mit diesem sog. "Erwähltheitsanspruch" sogar die israelische Nahostpolitik zu erklären und natürlich zu kritisieren versucht. Auch deshalb könnte sich dieses synodale "Zeugnis" womöglich noch als historisches Ereignis erweisen.

Aber kann man "die bleibende Erwählung der Juden und Gottes Bund mit ihnen" durch einen Mehrheitsbeschluss, wenn auch nur im Sinne eines "Zeugnisses", überhaupt beschließen? Was, wenn die erforderliche Stimmenmehrheit nicht zustande gekommen wäre, und was kann die erreichte Zweidrittelmehrheit der Synode einer einzelnen evangelischen Kirche Deutschlands in diesem Zusammenhang wirklich bedeuten? Mit welchem Recht wurde hier, obgleich zweifellos wohlmeinend, über eine Glaubensgewissheit anderer entschieden? Handelt es sich daher gar um Einmischung in "innere Angelegenheiten" einer anderen Religion? Hat man eigentlich Juden gefragt, ob sie ihre "Erwählung" und ihren "Bund" von christlicher Seite "bezeugt" haben wollen? Allerdings, wen hätte man fragen sollen? Dennoch nicht zuletzt doch die unvermeidliche Frage: Gut oder schlecht für die Juden? – Man muss kein Prophet und nicht einmal Theologe sein, um zu bemerken, dass dieses ehrenwerte "Zeugnis" einer äußerst delikaten Angelegenheit es irgendwie in sich hat. Vielleicht wird man jedenfalls einstweilen vermuten dürfen, dass es mit diesem "Zeugnis bleibender Erwählung" allein noch nicht unbedingt so gut ist wie es freilich wohl schlecht wäre ohne dieses.

Übrigens fordert neuerdings auch ein Dokument der Studienkommission "Kirche und Judentum" der Evangelischen Kirche in Deutschland (EKD) eine theologische Neuorientierung im Verhältnis zum Judentum und sogar zum Staate Israel. Mehr als vierzig Jahre nach der jüdischen Staatsgründung und kurz vor dem Ende des zweiten Jahrtausends christlicher Zeitrechnung erscheinen diese Bestrebungen keinesfalls verfrüht

8. Gerechtere statt ungerechter UN-Resolutionen[19]

Zum Abschluss einer außergewöhnlichen Sitzung des Sicherheitsrats der Vereinten Nationen erklärten die durch ihre Staats- und Regierungschefs vertretenen Mitglieder kürzlich, sie seien der Auffassung, dass der Sicherheitsrat begonnen habe, "seine Verantwortung für die Wahrung des Weltfriedens und der Sicherheit wirksamer zu erfüllen als bisher." Das Ende des Kalten Krieges habe Hoffnungen auf eine sicherere, gerechtere und menschlichere Welt geweckt, und: "Die Mitglieder des Rates unterstützen den Friedensprozess für den Nahen Osten, der durch die Russische Föderation und die Vereinigten Staaten

[19] Jüdische Rundschau (Basel), 17. März 1992.

ermöglicht wurde." Ein guter Anlass für einen kurzen Rückblick auf eine lange Geschichte einschlägiger Resolutionen.

Am 16. Dezember 1991 hatte die Vollversammlung der Vereinten Nationen die Resolution Nr. 3379 vom 10. November 1975 aufgehoben. 16 Jahre zuvor war der Zionismus als "eine Form des Rassismus und der Rassendiskriminierung von der XXX. Vollversammlung der UNO verurteilt worden. Der Widerruf bestand nur aus einem einzigen Satz, 111 Staaten stimmten dafür, 25 dagegen, 13 enthielten sich der Stimme, 17 blieben der Abstimmung fern. Etliche Länder korrigierten ihre frühere Entscheidung positiv, die Gegenstimmen kamen vor allem von arabischer Seite. Der israelische Ministerpräsident Jizchak Schamir dankte dem amerikanischen Präsidenten George Bush, dessen stellvertretender Außenminister Eagleburger den Korrektur-Antrag ein gebracht hatte; auch der damalige sowjetische Außenminister Pankin verdiente Dank. Ein palästinensischer Sprecher reklamierte die Palästinenser freilich nach wie vor als "Hauptopfer des Zionismus", der für sie gleichbedeutend mit Terrorismus blieb. In der deutschen und internationalen Presse wurde diese Beseitigung eines "Relikts des Kalten Krieges" zwar durchweg goutiert, zugleich aber Israel vorausgesagt, es werde die Vereinten Nationen jetzt endlich als "Friedensstifter" akzeptieren müssen. In der Tat, die Freude über die Tilgung eines "Schandflecks" war kurz genug, eine erste Resolutions-Quittung ließ nicht lange auf sich warten.

Denn am 16. Januar 1992 wurde Israel vom Sicherheitsrat der Vereinten Nationen mit der Resolution Nr. 726 einstimmig und "scharf verurteilt", zwölf Palästinenser wegen Anstiftung zum Terrorismus ausweisen zu wollen, was natürlich noch interessanter klingt, wenn man es "Deportation" nennt (vgl. Jüdische Rundschau, 9. Januar 1992, S. 1). Israel wurde überdies aufgefordert, auf weitere Ausweisungen zu verzichten und alle früher ausgewiesenen Palästinenser (66 seit Ausbruch der "Intifada") zurückkehren zu lassen. Der israelische Ausweisungsbeschluss war einen Tag nach der Ermordung eines jüdischen Siedlers erfolgt, dem vierten Attentat innerhalb von zwei Monaten. Über Weisheit und Wirksamkeit der Ausweisungen kann man geteilter Meinung sein. Die Ausweisungsstrafe gab es im britischen

Mandatsrecht, und sie wurde auch im jordanisch besetzten Westjordanland angewandt. Wohl erstmals seit 1979 wurde Ende Januar 1992 von den israelischen Behörden auf Empfehlung eines militärischen Prüfungsausschusses der Ausweisungsbeschluss gegen einen der Palästinenser aufgehoben, die Verurteilung Israels seitens des Sicherheitsrates blieb freilich bestehen. Gerechte oder ungerechte Resolutionen?

Israel war vom Sicherheitsrat der Vereinten Nationen in der Resolution Nr. 101 vom 24.11.1953 wegen eines "Angriffs auf Qidja" (Jordanien) erstmals scharf verurteilt worden. Durch folgende Resolutionen erfolgten weitere Verurteilungen: Nr. 106 vom 29.03.1955 "der israelische Angriff auf Gaza"; Nr. 111 vom 19.01.1956 "der israelische Angriff auf syrisches Gebiet"; Nr. 228 vom 25.11.1966 "der israelische Angriff auf Jordanien"; Nr. 248 vom 24.03.1968 "die große und vorsätzliche Militäraktion gegen Jordanien (Karameh)"; Nr. 256 vom 16.08.1968 "weitere Militärangriffe durch Israel" (auf Jordanien); Nr. 262 vom 31.12.1968 "der israelische Angriff auf den Flughafen von Beirut"; Nr. 265 vom 01.04.1969 "die vorsätzlichen Luftangriffe gegen Jordanien"; Nr. 270 vom 26.08.1969 "Israels vorsätzlicher Luftangriff gegen den südlichen Libanon"; Nr. 280 vom 19.05.1970 "die große und vorsätzliche Militäraktion Israels gegen Libanon"; Nr. 316 vom 26.06.1972 "Israels Angriffe gegen Libanon"; Nr. 332 vom 21.04.1973 "wiederholte militärische Angriffe auf Libanon"; Nr. 337 vom 15.08.1973 "Verletzung der Souveränität Libanons"; Nr. 347 vom 24.04.1974 "Verletzung der territorialen Integrität Libanons"; Nr. 487 vom 19.06.1981 "der militärische Luftangriff Israels gegen irakische Atomeinrichtungen in Verletzung der Charta der UNO und des internationalen Rechts"; Nr. 520 vom 17.09.1982 "Israels Einfall in Beirut in Verletzung der Waffenstillstandsabkommen"; Nr. 573 vom 04.10.1985 "Israels Angriff auf Tunesien"; Nr. 672 vom 12.10.1990 "israelische Gewalthandlungen in Jerusalem und Tötung von über 20 Palästinensern". Soweit die Verurteilungs- Resolutionen des Sicherheitsrates, nur 18 von zahllosen sonstigen UNO-Resolutionen, vielleicht eine zufällige Zahl, im Hebräischen bedeutet sie "Leben".

Seit Mai 1947 und bis Ende 1990, also innerhalb von 535 Monaten, haben sich Treuhänderrat, Generalversammlung und Sicherheitsrat der Vereinten Nationen rund 460 Mal in Resolutionen mit Israel befasst. Dazu kommen zahlreiche Resolutionen des Wirtschafts- und Sozialrates, der Menschenrechtskommission, der Internationalen Menschenrechtskonferenz, der Unesco-Generalversammlung, der Weltgesundheitsorganisation, der Internationalen Arbeitsorganisation sowie zahlreicher Unterkommissionen und Unterorganisationen der Vereinten Nationen. Die UNO-Resolutionen zum arabisch-israelischen Konflikt, insbesondere Anmahnungen, Aufforderungen, Ersuchen, Rügen, Tadel und Verurteilungen Israels füllen inzwischen Bände. Man darf gespannt sein, was inskünftig hinzukommt. Gerechte oder ungerechte Resolutionen?

UNO- und Sicherheitsrats-Resolutionen als Dokumentationen des dramatischen Überlebenskampfes Israels. In ihrer bemerkenswerten Erklärung vom Februar 1992 glaubten die Ratsmitglieder nun zur Kenntnis nehmen zu können, dass die friedenserhaltenden Aufgaben der Vereinten Nationen in jüngster Zeit zugenommen hätten: "Die Mitglieder des Rates stimmen darin überein, dass die Welt seit der Gründung der Vereinten Nationen gegenwärtig die beste Chance hat, internationalen Frieden und Sicherheit zu erreichen." Zweifellos wäre es außerordentlich erfreulich, wenn dies alsbald einmal glaubhaft unter Beweis gestellt würde, nicht zuletzt durch gerechtere statt ungerechter Resolutionen und im Hinblick auf den Frieden und die Sicherheit Israels.

9. "Die Bibel – mehr als ein Buch"[20] – im Jahr der Bibel

"Sie werden lachen, die Bibel", soll Bertolt Brecht auf die Frage nach seinem stärksten Leseerlebnis geantwortet haben, womit die *Stiftung Lesen* nun wiederum für die Bibel wirbt, und zwar nicht etwa wegen der Eröffnung eines *Bibel-Länder-Museums* mit *Biblischem Garten* in Jerusalem, wo Biblisches im jüdischen und regionalen Geschichtskon-

[20] Jüdische Rundschau (Basel), 30. Juli 1992.

text dokumentiert werden soll, sondern gewissermaßen aus einem gegebenen christlichen Anlass. Denn die *Arbeitsgemeinschaft christlicher Kirchen,* also die evangelische und katholische Kirche Deutschlands zusammen mit jenen Österreichs, verschiedenen Freikirchen und christlichen Gemeinschaften sowie der Heilsarmee, hat 1992 zum "Jahr der Bibel" proklamiert, was ja an sich wahrlich nicht schaden kann.

Nun berichten die Medien über vielfältige Maßnahmen zu diesem "Jahr der Bibel" über "Bibel-Ausstellungen" und "Bibel-Computer" mit "Bibel-Quiz" ("Wie viele Menschen haben die Sintflut überlebt?" – "An welchen Tagen erschuf Gott Sonne, Mond und Sterne?"), ein "Bibel-Schiff" auf dem Bodensee und der Elbe mit Beduinenzelt und Gutenberg-Druckerpresse an Bord, "Bibel-Gesellschaften", "Bibel-Verlage", "Bibel-Kursbuch", "Bibel-Comics", "Bibel-Magazin", "Bibel-Marketing", "Bibel-Symposien", "Bibel-Erlebnisausstellung", "Bibel-Sternlauf", "Bibel-Ferien" auf Mallorca und vieles andere Biblische mehr. Die alten ehrwürdigen Bibelgelehrten und Toraschreiber hätten sich das wohl in ihren phantasievollsten Träumen nicht vorstellen können. Denn dazu gibt es natürlich auch einen aktiven "Bibel-Markt" und das "Bibel-Geschäft" mit Bibeln in allen möglichen Aufmachungen, Ausstattungen, Übersetzungen und Preislagen: Die Bibel gilt immer noch als das meistverkaufte Buch der Welt. Die wichtigsten Anbieter in Deutschland sind die evangelische Deutsche Bibelgesellschaft und die Katholische Bibelanstalt in Stuttgart; katholischerseits laufen Produktion und Vertrieb der katholischen Einheitsübersetzung über den Verlag Katholisches Bibelwerk Stuttgart, der auch Lizenzen vergibt. Diese Bibelmonopole erhalten allenfalls gelegentlich eine gewisse Konkurrenz etwa durch eine Handelskette, die neben Kaffee auch Bibeln verkauft, deren Qualität für Bibelkenner natürlich zu wünschen übrig lassen muss.

Bibelverlage pflegen zwar zu versichern, dass die Bibel kein Geschäft sei; dennoch soll die evangelische Deutsche Bibelgesellschaft 1991 im Bibelgeschäft 16 Millionen DM umgesetzt haben, wobei der Erlös einem "Bibelfonds" zufließt, der seinerseits wiederum "die heiligen Schriften in armen Ländern verbreiten will". Beim Verlag Katholisches Bibelwerk mit einem Umsatz von sieben Millionen DM im Jahre 1991 soll das Bibelgeschäft bei 38 Prozent liegen. Angesichts dessen, dass nur 70 Prozent aller westdeutschen Haushalte eine Bibel besitzen und überdies ja durchaus noch für die Zweit- oder gar Drittbibel zu werben wäre, könnte sicherlich noch manche gute Bibel verkauft werden, wobei werbestrategisch gewiss bedacht wird, dass Umfragen zufolge Katholiken heutzutage eifrigere Bibelleser zu sein scheinen als Protestanten. Von Bibelmanagern wird freilich beteuert, dass das "Bibeljahr aus religiösen Gründen und nicht als Marketingaktion ausgerufen" wurde. "Die Bibel sei für viele Menschen ein schwer verständliches Buch", so der Ratsvorsitzende der Evangelischen Kirche in Deutschland, der badische Landesbischof Klaus Engelhardt, "deshalb müsse man ihnen den Zugang dazu erleichtern". Die Bibel soll also ins Gespräch kommen.

בראשית

GENESIS

CAPUT I. א

א 2 בראשית ברא אלהים את השמים ואת הארץ: והארץ
היתה תהו ובהו וחשך על־פני תהום ורוח אלהים
3 מרחפת על־פני המים: ויאמר אלהים יהי אור ויהי־
4 אור: וירא אלהים את־האור כי־טוב ויבדל אלהים בין
ה האור ובין החשך: ויקרא אלהים ׀ לאור יום ולחשך
קרא לילה ויהי־ערב ויהי־בקר יום אחד: פ
6 ויאמר אלהים יהי רקיע בתוך המים ויהי מבדיל בין
7 מים למים: ויעש אלהים את־הרקיע ויבדל בין המים
אשר מתחת לרקיע ובין המים אשר מעל לרקיע ויהי־
8 כן: ויקרא אלהים לרקיע שמים ויהי־ערב ויהי־בקר
יום שני: פ

"Kennen Sie meine Love-Story?", wirbt Michelangelos gewaltige Schöpfergestalt aus der sixtinischen Kapelle höchst "persönlich auf Plakaten und Prospekten für das Jahr mit der Bibel, ein ökumenisches Joint venture der Kirchen", was nicht ohne Protest vonseiten der Frauen bleiben konnte, die diese Werbung als "frauenverletzend bis entwürdigend" empfunden hatten. Steigende Zahlen von Kirchenaustritten und eine gewisse "Bibelmüdigkeit" ließen ohnehin vermuten, dass die Bibel für Christen nicht mehr das "Buch der Bücher" sei, sondern "ein Buch unter Büchern", daher die Werbung "Die Bibel mehr als ein Buch", womit zugleich auch der interkonfessionelle Dialog unter Christen gefördert werden soll.

Das Motto "Die Bibel – mehr als ein Buch" mag übrigens wohl unbeabsichtigt und ganz nebenbei immerhin darauf hinweisen, dass die christliche Bibel in der Tat aus zwei Büchern besteht, nämlich aus dem von den Christen sogenannten "Alten Testament", der hebräischen Bibel der Juden, und dem "Neuen Testament", also vor allem den vier "Evangelien" der Christen. Die eigentliche Bibel besteht nach jüdischer Tradition bekanntlich aus der "Thora", den fünf Büchern Mose, den prophetischen Büchern ("Nebiim") sowie den übrigen Schriften ("Ketubim"), daher der Name "Tenach".

Die Bibel ist als das urjüdische "Buch der Bücher" jedoch weit über das Judentum hinaus und bis zum heutigen Tage von unvergleichlicher menschheitsgeschichtlicher Bedeutung geblieben, den verschiedensten Diskreditierungsversuchen einschließlich der Primitivitäten der Nationalsozialisten zum Trotz. Das "Jahr der Bibel" könnte daher nicht zuletzt auch der Aufklärung über das Judentum, der Bekämpfung der Judenfeindschaft und sogar der Information über Israel dienen. Darüber freilich war bisher zumindest in der Berichterstattung nur wenig zu vernehmen. Aber "Das Jahr mit der Bibel" ist ja noch nicht zu Ende. Für Juden bleibt die Thora "ein Baum des Lebens denen, die an ihr festhalten" (Sprüche 3,18), und daher wird die Bibel so oder so zweifellos auch "Das Jahr der Bibel" überleben.[21]

[21] Erhard Roy Wiehn, Judentum und Christentum – Gemeinsames und Trennendes im kurzen Überblick. Versuch einer vergleichenden Betrachtung als aktueller Denkanstoß. Konstanz 2010.

10. Deutschland sollte gewarnt sein[22] – vor Extremismus

Seit Jahr und Tag wurde wieder und wieder gewarnt und gemahnt, den Anfängen zu wehren, doch genutzt hat dies nichts. Als Bundesinnenminister Rudolf Seiters jetzt den ersten gesamtdeutschen Verfassungsschutzbericht in Bonn präsentierte, fand er die jüngste Entwicklung schlicht "besorgniserregend"; denn der Bericht der Kölner Verfassungsschutzbehörde warnt erstmals (!) vor der Gefahr von rechts, und das nicht ohne Grund, auch wenn es schwerfällt.

Die Zahl der registrierten Rechtsextremisten ist nämlich von 32.000 im Jahr 1990 auf 39.800 im Jahr 1991 angewachsen; die Zahl der Neonazis wird mit 5.900 angegeben, darunter 4.200 Skinheads, davon 3.000 in den neuen Bundesländern. – Im Jahr 1991 wurden 3.884 rechtsextremistische Gesetzesübertretungen registriert, davon zwei Drittel fremden- und juden(!)feindlicher Art, etwa ein Drittel in den neuen Bundesländern. Die rechtsextremistischen Straftaten sind von 270 im Jahr 1990 auf 1.483 im Jahr 1991, also um das Fünffache, angestiegen. Unter anderem wurden drei Tötungsdelikte, 369 Körperverletzungen, 375 Brand- und Sprengstoffanschläge und 572 Sachbeschädigungen verzeichnet.

Rund 70 Prozent der Täter sind zwischen 16 und 20 Jahre alt. Es wurden 76 rechtsextremistische Organisationen ausgemacht; die Mitgliederzahl der "Deutschen Volksunion" etwa stieg von 22.000 auf 24.000. Die "Republikaner" wurden allerdings weder observiert noch registriert. Bereits in den ersten sieben Monaten des Jahres 1992 wurden 650 rechtsextremistische Gewalttaten verzeichnet, 410 in den alten, 240 in den neuen Bundesländern. Und allein in diesen ersten sieben Monaten sind schon sieben Menschen ums Leben gekommen.

Die Gesamtzahl der Extremisten in Deutschland ist zwar von 111.150 im Jahr 1990 auf 109.280 im Jahr 1991 gesunken, was vor allem auf das Konto der Linken geht; denn die Zahl der Linksextremisten ist von 29.500 auf 26.500 geschrumpft, ihre Gewalttaten freilich sind von 587 auf 797 angewachsen . Die Mitgliederzahl ausländi-

[22] Jüdische Rundschau (Basel), 20. August 1992.

scher Extremistenorganisationen ist von 49.350 auf 42.980 gefallen und somit immer noch hoch. Bundesinnenminister Seiters findet die von Linksextremisten ausgehende Bedrohung immer noch "beachtlich" und sieht keinen Anlass zur Entwarnung. Besonders besorgt äußerte er sich jedoch über die Gewalttaten gegen Ausländer: die wachsende Brutalität nationalsozialistischer Gruppen und Einzeltäter nehme "eher noch zu", und "Jede dieser schändlichen Straftaten ist eine zu viel."

Seiters verlangt nun die intensive Bekämpfung rechtsextremistischer Gewalt, verstärkten Schutz der Asylbewerberunterkünfte und nicht zuletzt die "geistig-politische Auseinandersetzung mit den Phänomenen Rechtsextremismus und Ausländerfeindlichkeit". Im übrigen wies er darauf hin, dass diese Erscheinungen in ganz Westeuropa zu beklagen seien. In Deutschland findet er im ungelösten "Asylantenproblem" und in der Arbeitslosigkeit den "Boden, auf dem sich rechtsradikale Parolen besser verbreiten lassen". Aber hier zeigten sich, wie er meint, auch "die Grenzen des Verfassungsschutzes", da die Anschläge keine zentralgesteuerten Aktionen, sondern gefährliche, spontan geplante Nachahmertaten seien. Für die demokratische Grundordnung sieht der Minister indessen keine Gefahr.

"Die geeinten Deutschen, die hässlichen Deutschen?", wurde schon vor einiger Zeit in einer großen deutschen Wochenzeitung gefragt: Wer Hand an auch nur einen einzigen Ausländer lege, verübe einen Anschlag auf den liberalen Rechtsstaat und die freiheitliche Ordnung, der nicht minder schwer wiege als das Attentat auf einen Politiker. Der Präsident des Deutschen Industrie- und Handelstages warnte bereits mit dem ökonomischen Argument, die Ausländerfeindlichkeit könne sich negativ auf die Wirtschaftsentwicklung in Deutschland auswirken: "Die Wirtschaft sei auf die ausländischen Arbeitnehmer sowie auf ein positives Bild im Ausland angewiesen. Deutschland profitiere 'enorm' von den ausländischen Mitbürgern."

Im Hinblick auf Arbeitslosigkeit, Flüchtlingsprobleme und Wohnungsnot waren die deutschen Politiker freilich schon längst herausgefordert. Doch es bleibt abzuwarten, ob sie nun den Ernst der Lage erkennen und endlich wirksam handeln. Freilich haben sich auch Politiker etablierter Parteien so manche öffentlichen Äußerungen geleistet, die denen der Rechten verteufelt ähnlich sind, und in einem Zeitungskommentar wurde jetzt sogar vermutet, der Rechtsextremismus sei in Deutschland zu einem Phänomen geworden, das weit in die Gesellschaft hineinreiche. In der Tat haben etwa deutsche Rechtsintellektuelle ganz ungeniert und öffentlich mit dem "deutschen" Feuer gespielt, als sie z.B. anlässlich der Wiedervereinigung laut genug verkündeten, sich nun endlich wieder richtig als Deutsche fühlen zu können, was ihnen auch vorher niemand streitig machte. Skinheads und ihresgleichen zeigen nun, was sie darunter verstehen.

Sind 40.000 offiziell registrierte Rechtsextremisten unter 80 Millionen Deutschen viel oder wenig? Jeder Extremist ist einer zu viel, besonders in Deutschland, 60 Jahre nach dem "braunen" Anfang und 50 Jahre nach allen Massakern im ganzen deutschbesetzten Europa. Den Feind vor allem links zu sehen – teilweise vielleicht eine Erbschaft aus dem Dritten Reich –, war in der langen Nachkriegszeit des Kalten Kriegs zu einer gefährlichen Gewohnheit geworden, von der sich viele noch heute schwer befreien können.

Doch die Gefahr von rechts wurde schon einmal katastrophal verkannt. Die Politiker tragen schwere Verantwortung. Verfassungsschutz, Polizei und Gerichte sind gefordert. Verantwortlich sind jedoch alle Deutschen, jeder an seinem Platz, und zwar jetzt. Es geht nicht nur um ihren Ruf in der Welt, sondern um ihre eigene Zukunft, aber auch um die ihrer Nachbarn in Europa und der Welt. Es gab und gibt schon Barbarei genug. Deutschland sollte gewarnt sein.

11. Wiederholt sich die deutsche Geschichte?[23]

Diese deutsche Frage wird seit einiger Zeit in aller Welt gestellt, sogar in Deutschland selbst. Die anhaltende Barbarei in Berlin, Buxtehude, Cottbus, Eisenhüttenstadt, Flensburg, Greifswald, Ketzin, Stendal, Stuttgart, Rostock und vielen anderen Orten im neuen Deutschland in Ost und West und nicht zuletzt der schändliche Brandanschlag auf die

[23] Jüdische Rundschau (Basel), 5. November 1992, S. 6.

"Jüdische Baracke" im ehemaligen KZ Sachsenhausen sowie die kürzliche Verwüstung des jüdischen Friedhofs in Wangen und des KZ-Friedhofs Überlingen haben die Welt erschreckt. Gewisse "braune" Parallelen scheinen leider kaum mehr von der Hand zu weisen zu sein. Die alte deutsche Frage stellt sich anscheinend neu: Ist es schon wieder soweit?

Vergleichende Erinnerungen liegen gerade dieser Tage wohl nicht allzu fern: Vor 54 Jahren, in der Nacht vom 9. auf den 10. November 1938, wurden im ganzen Deutschen Reich jüdische Gotteshäuser und Friedhöfe geschändet und zerstört, Geschäfte und Wohnungen geplündert und verwüstet, Männer, Frauen und Kinder gedemütigt und misshandelt, "nur" weil sie Juden waren. Am 10. November 1938 wurden Tausende jüdischer Männer verhaftet, für Tage, Wochen oder Monate in Konzentrationslager gesperrt. Es gab Vergewaltigungen, Schwerverletzte, Todesfälle, Selbstmorde und Morde. Dabei ist völlig klar, dass die Ermordung des deutschen Diplomaten Ernst vom Rath durch den jungen Juden Herschel Grynszpan in Paris – ein persönlicher Racheakt für die gerade vollstreckte "Abschiebung" von Juden polnischer Herkunft aus Deutschland, unter ihnen die Eltern des Attentäters – für das NS-Novemberpogrom nur ein willkommener Vorwand war.[24]

Eine Milliarde Reichsmark, Beschlagnahmung der Versicherungsansprüche, Auferlegung der Kosten für die Reparatur von Geschäften und Wohnungen, das war die sogenannte "Sühneforderung" der damaligen deutschen Reichsregierung an die Juden in Deutschland. Auf diese Weise wurden die Opfer von den Tätern für nichts und wieder nichts ein zweites Mal bestraft, die Schrecken jener Nacht überdies noch beschönigend als "Kristallnacht" bzw. "Reichskristallnacht" verhöhnt, da sich allein die Glasschäden zertrümmerter Fensterscheiben auf runde sechs Millionen Reichsmark beliefen. So musste eine Repressalie durch die folgende bezahlt, ein Leid um das andere erduldet werden – ein Höllenprogramm sich vor aller Augen steigernder Grau-

---

[24] Erhard Roy Wiehn, Zum Reichspogrom 1938 – Die Ereignisse in Konstanz 70 Jahre danach zum Gedenken. Konstanz 2008.

samkeiten spätestens schon seit 1933, das im Novemberpogrom 1938 einen ersten schaurigen Höhepunkt erreichte, einen *point of no return.*

Die Konstanzer Synagoge nach dem 10. November 1938 (Archivbild)

Denn zweifellos brachte dieses reichsweite Pogrom die bis dahin größten und schlimmsten antijüdischen Ausschreitungen auf deutschem Boden sowie in Mitteleuropa überhaupt seit den Massakern des Mittelalters. Viele Deutsche waren daran beteiligt, alle Deutschen waren Zeugen dieser Barbarei, denn sie geschah in ihrem Dorf, in ihrer Stadt, in ihrer Straße, in ihrem Haus, verübt von Deutschen nicht etwa an "Ausländern", "Asylanten" oder "Scheinasylanten", vielmehr an Deutschen, eben "nur" weil sie Juden waren. Und dies bleibt wahrlich das Besondere: Jeder konnte sehen, dass alles eine himmelschreiende Unmenschlichkeit war, und alle mussten es wissen, aber so gut wie niemand hat es laut gesagt oder gar hinausgeschrien. Es mag sein, dass die Mehrheit des deutschen Volkes damals dies alles vielleicht nicht ganz so gewollt hat.

Doch gab es viel heimliche und offene Schadenfreude, wenig erkennbare Anteilnahme oder tätige Betroffenheit, dafür vor allem erbarmungslose Gleichgültigkeit und keinerlei öffentlich vernehmbaren Protest, auch von den Kirchen nicht. Deshalb war die sogenannte "Reichskristallnacht" in der Tat eine Art "archimedische Nacht", in der Anstand, Menschlichkeit und Solidarität auch aus ihren christlichen Angeln gehoben wurden. Sie war im Sinne der Nationalsozialisten ein überaus gelungener Volkstest, geradezu ein Schlüsselerlebnis, wodurch das Tor zur folgenden, bislang einmaligen Judenverfolgung und Judenvernichtung erst richtig aufgestoßen und letzte Hemmschwellen abgebaut wurden. Nun waren die Straßen des Mordens offen, die Schienen zur Schoáh endlich frei, das Feuer zum Holocaust gelegt. Aber auch der Anfang vom Ende des "Tausendjährigen Reiches" war gemacht. Sollten die Deutschen nicht ein für alle Mal gewarnt sein?

Seit jenem Novemberpogrom sind nun 54 Jahre, d.h. mehr als ein halbes Jahrhundert vergangen, und doch ist es für alle noch lebenden jüdischen Zeitzeugen so, als ob alles erst gestern geschehen wäre. Seit 1945 wurde in unzähligen jährlichen Gedenkstunden auch in Deutschland immer wieder daran erinnert, vielleicht kam der Novemberpogrom sogar im Geschichtsunterricht deutscher Schulen vor. Denn schließlich sollte es doch darum gehen, aus all diesem Vergangenen für Gegenwart und Zukunft zu lernen, was überhaupt nur zu lernen war: Wohin nämlich Hass und Völkerfeindschaft zwangsläufig führen, und dass solche Barbarei nicht nur entsetzliche unschuldige Opfer fordert, sondern von den ersten schlimmen Anfangen an und gewiss zum bösen Ende todsicher immer auch die Täter und Mitläufer selbst trifft. Was daraus tatsächlich allseits gelernt oder nicht gelernt wurde, kann man dieser Tage ziemlich deutlich sehen. Bislang mochten übrigens viele immerhin noch von Glück sagen können, dass sie mit oder ohne "Gnade später Geburt" damals nicht in Versuchung geführt wurden.

Wer aber hier und heute gleichgültig bleibt und schweigt, wo Anstand oder gar Courage gefragt oder gefordert ist, der hätte auch damals geschwiegen. Wer heute die Augen verschließt und nichts wissen will, der hätte auch damals und besonders natürlich hinterher gewiss von nichts gewusst. Spätestens jetzt aber ist eine Zeit gegenwärtiger Bewährung gekommen, eine Stunde der Zivilcourage aller aufrechten Demokraten in Deutschland. Die Bundesrepublik Deutschland freilich muss jetzt nicht nur endlich eindeutig Flagge zeigen, sondern mit aller Härte aller rechtsstaatliehen Mittel gegen die neuen Nazis vorgehen. Mit aller Schärfe müssen jedoch auch die Motive der Täter und der ihnen applaudierenden "ganz normalen Menschen" verurteilt werden. Jetzt wäre zum Beispiel ein starkes Wort des deutschen Bundespräsidenten gefragt. Gewerkschaften, Kirchen und demokratische Parteien müssten auf die Barrikaden gehen. Schriftsteller und Wissenschaftler, Lehrer- und Lehrerverbände, Friedensgruppen und Menschenrechtler, ja alle anständigen Deutschen sollten herausgefordert sein.

Am 9. November 1938 wurden anhaltende Feuer gelegt, Deutsche von Deutschen gründlichst ausgegrenzt; am 9. November 1989 schienen die Mauern zwischen Ost- und Westdeutschen gefallen. Der damalige Regierende Berliner Bürgermeister hielt die Deutschen deshalb für das "glücklichste Volk der Erde", das jedoch mitnichten daran erinnert wurde, dass diese Mauer nicht vom Himmel gefallen war, vielmehr in einer langen Kette schauriger Geschehnisse mindestens auch auf den 9. November 1938 zurückreichte. Kaum zwei Jahre später beginnen die hirnlosen, kahlköpfigen, randalierenden jungen Vertreter dieses inzwischen nicht mehr ganz so glücklichen Volkes samt ihrer kleinbürgerlich maskierten Sympathisanten und rechtsintellektuellen Ver-Führer böse Erinnerungen zu wecken und viele Menschen in aller Welt in Angst und Schrecken zu versetzen. Dem muss so schnell wie irgend möglich ein radikales Ende gemacht werden.

Denn gewisse Parallelen sind leider nicht mehr ganz von der Hand zu weisen. Die alte deutsche Frage scheint sich neu zu stellen: Ist es schon wieder soweit? Nein, trotz allem nicht! Der Aufruf zu einer bundesweiten Demonstration am 8. November 1992 ist in Form und Inhalt ein ermutigendes Zeichen. Beginnt die deutsche Geschichte, sich zu wiederholen? Nein, diese Geschichte darf und wird sich nicht wiederholen, die deutsche schon gar nicht, nie wieder! Niemals.

12. Was wäre gewesen wenn[25] – die Nazis gesiegt hätten

Was wäre gewesen wenn? – Es gibt sogenannte "deutsche Fragen", die bis heute offen sind, und manche werden niemals beantwortet werden. Und immer wieder gibt es denkwürdige Daten, die deutsche Fragen mit sich bringen. Fragen, die nicht zuletzt auch hinter deutschen Lichterketten lauern.

Was wäre gewesen wenn? – Zum Beispiel am 30. Januar 1993, wenn das Großdeutsche Reich bis dahin bestanden hätte? Wie 1983 das 50-jährige, so wäre jetzt gewiss auch das 60-jährige Bestehen des "Tausendjährigen Reiches" auf großdeutsche Art gefeiert worden. Von sämtlichen Radio- und Fernsehsendern in alle Welt übertragen, hätten Milliarden von Menschen die martialischen Feierlichkeiten live miterleben können. Das ganze großdeutsche Volk wäre dabei gewesen, sicher auch repräsentative Abordnungen der verbündeten Staaten aus Arabien und Asien etwa sowie Vertreter der unterworfenen Völker, soweit sie bis 1993 überlebt hätten, natürlich in all ihrer abgestuften Minderwertigkeit, jedenfalls gemessen am Rang des "arischen Herrenvolkes". Dabei gewesen wären vielleicht auch Delegationen der mehr oder weniger "neutral" gebliebenen Kleinstaaten, tatsächlich kaum mehr als koloniale Alibi-, Arbeitskräfte- und Sklavenreservate. Die große Geburtstagsfeier hätte in einem vom Nordkap bis Nordafrika, vom Atlantik bis zum Ural völlig deutsch-beherrschten Europa stattgefunden, und die noch immer gesungene erste Strophe des Deutschlandliedes wäre an sich völlig überholt und beinahe schon lächerlich gewesen.

Was wäre gewesen wenn? – Bei den Feiern zum 60-jährigen Bestehen des Großdeutschen Reiches wäre sicherlich der 50. Jahrestag der heldenmütig gewonnenen Schlacht von Stalingrad sowie der "Großaktion" der Liquidierung des Warschauer Ghettos gedacht worden. Nach

---

[25] Jüdische Rundschau (Basel), 25. März 1993.

der Proklamation des "totalen Krieges" durch den Reichspropagandaminister am 18. Februar 1943 hätte der Deutschland vom "internationalen Finanzjudentum" aufgezwungene Zweite Weltkrieg endgültig seine siegreiche Wende genommen, und nach dem baldigen "Endsieg" hätte nun auch der "Endlösung der Judenfrage" nichts mehr im Wege gestanden. Die "Pax germanica" wäre besonders in der Reichshauptstadt Berlin gefeiert worden, wo man den größten "Führer und Feldherrn" aller Zeiten in einem gigantischen Mausoleum als Nationalheiligen verehrt hätte. Auch die beiden bis dahin "entjudaisierten" und "aufgedeutschten Kirchen" hätten zweifellos zu staatserhaltenden "Gottesdiensten" aufgerufen. Partei, Polizei, Militär, SA, SS, der ganze Staat und die halbe Welt wären fest in der Hand der blonden Herrenmenschen gewesen, vornehmlich aus deutschen Ordensburgen rekrutiert. Es wären Bildbände und wissenschaftliche Werke veröffentlicht worden, eine Briefmarkenserie der Deutschen Reichspost, und für verdiente alte Kämpfer, Parteigenossen und "Mutterkreuz"-Trägerinnen hätte es Orden und Sonderfahrten der Deutschen Reichsbahn und ihrer weißen Bodenseeflotte gegeben.

Was wäre gewesen wenn? – Im staatlichen "Kraft-durch-Freude"-Programm wären Bildungsreisen angeboten worden, etwa zu dem schon in den vierziger Jahren eingerichteten "Jüdischen Museum" in Prag, um dort die zur Abschreckung und Belehrung ausgestellten Überreste der längst vernichteten "Unkultur" des "jüdischen Volksparasiten" zu besichtigen. Denn Juden wären 1993 auf großdeutschem Reichsgebiet nur noch in anatomischen und "rassenkundlichen" Universitätsinstituten zu finden gewesen oder in deutschen Filmklassikern wie "Jud Süß" oder "Der ewige Jude". Die von namhaften deutschen Universitätsprofessoren wissenschaftlich überzeugend begründete Ausrottung "der jüdischen Rasse" in Europa würde in den Geschichtsbüchern des Großdeutschen Reiches als Heldentat der Großväter verherrlicht und dem "arischen" Nachwuchs zur Bildung seines Herrenmenschenbewusstseins schon im Kindergarten beigebracht. Selbstverständlich gäbe es keinen Staat Israel als "halsstarriges Friedenshindernis" im Nahen Osten, Großarabien wäre mit Großdeutschland verbündet, und der Großmufti von Jerusalem würde im Gedenken an seinen berühmten Vorgänger den unvergesslichen "Führer" des großdeutschen Volkes als großes Vorbild des arabischen Volkes preisen.

Was wäre gewesen wenn? – Der 60. Jahrestag des Großdeutschen Reiches hätte also in einer gänzlich anderen Welt stattgefunden: Millionen von Menschen, die heute leben, würden es nicht; dafür hätten Millionen anderer Menschen das Licht dieser "Schönen neuen Welt" erblickt, solche und solche. Aber ohne die "Machtergreifung" von 1933 und ihre Folgen lebte man heute ebenfalls in einer völlig anderen Welt, inmitten einer ganz anderen Menschheit: Es hätte keine 50 Millionen Kriegsopfer gegeben, keine Schoáh mit sechs Millionen toter Juden, vielmehr belebten ihre Nachkommen jetzt die Welt, die somit also wirklich eine unvorstellbar andere wäre. – An manchen Stammtischen und in den neuen nazistischen Kämpferkreisen wird man ebenso wehmütig wie wütend auszumachen versuchen, was gewesen wäre wenn, und weit über diese Kreise hinaus scheint jedenfalls ganz klar, dass "der Adolf" doch immerhin die Autobahnen und die ersten Raketen baute, die Arbeitslosen von der Straße holte, die Kriminalität beseitigte und vieles andere mehr, womit man schließlich bei einem höchst aktuellen Thema angelangt wäre: Auch das "Ausländer- und Asylantenproblem", das im "Dritten Reich" ohnehin nicht denkbar gewesen wäre, hätte "der Führer" mindestens so einfach gelöst wie seine neuen Anhänger es lösen wollen: "Deutschland den Deutschen" und "Untermenschen" ins Arbeitslager; denn "Arbeit macht frei"! Die Aussiedler aus dem Osten hätten "unter Hitler" natürlich sowieso in ihrem "deutschen Osten" bleiben können.

Was wäre gewesen wenn? – Orwells *1984* ein lächerliches Kinderspiel! "Denn heute gehört uns Deutschland...!" Und morgen? "Am deutschen Wesen" wäre "die Welt genesen" und "nur gelegentlich durch den beizenden Rauch eines prächtigen Autodafés oder der Schlote der Lagerkrematorien ihres Atems beraubt."(Paul Watzlawick)

70. Jahrestag des Aufstands im Warschauer Ghetto am Denkmal der Ghettokämpfer (von Nathan Rapaport u. Leon Marek Suzin 1948) in Warschau am 19. April 2013

13. Entrüstung ist nicht genug[26] - Bertrand Russells Rede

Anlässlich des 50. Jahrestags des Aufstands im Warschauer Ghetto am 19. April 1993 ist in den Medien weltweit viel berichtet worden, übrigens auch in Deutschland, und vielleicht ist das meiste schon wieder vergessen.[27] Über die verschiedenen Feiern in Warschau selbst konnte man teilweise wohl geteilter Meinung sein, die wichtigsten Reden hatten zwar gewiss Gewicht, das Ambiente mochte jedoch bisweilen eher zweifelhaft erscheinen, über Geschmack aber lässt sich bekanntlich kaum streiten. Oder doch? Vielleicht ist der 40. Jahrestag in mancher Hinsicht noch durchaus inniger begangen worden. Offensichtlich wird es mit wachsendem zeitlichen Abstand immer schwerer, angemessene Formen zu finden, um des Unvorstellbaren nicht nur würdig zu gedenken, sondern für Gegenwart und Zukunft das Menschenmögliche daraus lernbar zu machen.

In diesem Zusammenhang ist eine der denkwürdigsten Reden des großen Bertrand Russell (1872-1970) bis heute fast unbekannt geblieben, die dieser zum 10. Jahrestag des Aufstands im Warschauer Ghetto am 9. April 1953 in London gehalten hat. Auf die Vortragseinladung des britischen Sekretärs des jüdischen Weltkongresses hatte Russell schon vorab geschrieben: "Ich bin sehr froh über die Gelegenheit, mich mit den Bemühungen, der Welt bewusst zu machen, was die Juden erlitten haben und vermutlich durch willkürliche Verfolgung noch erleiden werden, verbinden zu können." Seine Rede ist wegen ihrer Aussagekraft, Gefühlsintensität und Gültigkeit in der Tat der ausführlichen Erinnerung und Würdigung wert.

Er habe vielleicht nicht das gleiche intime Recht wie Juden, bemerkte Russell einleitend, die Märtyrer von Warschau zu betrauern: "Sie glauben vermutlich, dass ich nicht mitfühlen kann wie Sie, aber

---

[26] Jüdische Rundschau (Basel), 19. Mai 1993.

[27] Erhard Roy Wiehn, Kaddisch – Totengebet in Polen. Reisegespräche und Zeitzeugnisse gegen Vergessen in Deutschland. [Anlässlich des 40. Jahrestages des Aufstands im Warschauer Ghetto]. Verlag Darmstädter Blätter, Darmstadt 1984, 2. Auflage 1987: *Vergriffen;* Erhard Roy Wiehn, Ghetto Warschau – Aufstand und Vernichtung 1943 fünfzig Jahre danach zum Gedenken. Konstanz 1993.

ich versichere Ihnen von ganzem Herzen, dass ich die Tragödie sehr tief spüre und noch dazu mit einem Gefühl, von dem Sie frei sind, dem Gefühl der Scham: Das Gefühl der Scham darüber, dass solche Dinge passiert sind und niemand sie verhindert hat. Man kommt nicht umhin zu glauben, es hätte einen Augenblick eine Tat geben sollen, die allem einen anderen Verlauf gegeben hätte. Und ich werde das Gefühl nie los, dass alles Schreckliche, das sich in der Welt ereignet, zu einem gewissen Grad in meiner Verantwortung liegt. Man hätte etwas finden müssen, um es der Menschheit zu sagen, eine Anweisung zum Handeln, das einen solchen Gräuel verhindert hätte."

Und er glaube, sagt Russell weiter, es sei die Pflicht eines jeden denkenden Menschen, nicht nur über Grausamkeit entrüstet zu sein und den Wunsch zu hegen, die Täter abzuhalten – das sei natürlich wesentlich –, sondern es gebe darüber hinaus etwas, das man seiner Meinung nach tun müsse, nämlich die Wurzeln der Grausamkeit, die Wurzeln der Verfolgung, die Wurzeln des Barbarismus in der menschlichen Seele aufzuspüren, dasjenige, das die Menschen veranlasse, böse zu sein, wo sie auch anständig sein könnten. Dies sei vor allem ein wissenschaftliches Problem. Aber es sei die Pflicht eines jeden humanen Menschen, auf andere einzuwirken, dass sie nicht mehr das Bedürfnis hätten, Böses zu tun.

"Grausamkeiten", so Russell schließlich, "bringen dem Täter der Grausamkeiten nichts Gutes. Sie fügen dem Opfer unendliches Leid zu. Aber in einem gewissen Sinn fügen sie sogar dem Täter, der den Schaden anrichtet, noch mehr Leid zu. Er ist stärker verletzt, als man es durch Tod, Folter oder sonst etwas werden kann. Er wird vom Menschen zum Unmenschen erniedrigt. Und ich glaube, ein aufrechter Mensch würde tausendmal lieber Märtyrer sein, als einen anderen zum Märtyrer zu machen. Natürlich war ich niemals in der Lage weder des einen noch des anderen, weshalb Sie vielleicht meinen, ich habe nicht das Recht zu reden." Doch "seit langer Zeit versuche ich, all meine mir zur Verfügung stehende Kraft, in Gedanken, im Fühlen und in der Arbeit daranzusetzen, das Maß an Grausamkeit, Verfolgung und Bosheit in der Welt zu mindern. Und ich kann Ihnen von ganzem Herzen versichern, dass dieser Versuch meinen Gedanken und Wünschen nähersteht als alles andere."

Bertrand Russell wollte mit dieser Gedenkrede sein tiefstes Mitgefühl ausdrücken, wie er sagte, das Mitgefühl eines Menschen, der überall und immer Verfolgung und Grausamkeit bekämpfen werde und der vor allem glaubte, dass wir alle für die Menschenrechte eintreten müssen: "Für die Rechte des Menschen – menschliche Rechte, menschliche Würde –, gleich, ob wir der Rasse oder Minderheit, für die wir kämpfen, angehören oder nicht. Jeder Mensch gehört irgendeiner Minderheit an, und wir sollten alle, so glaube ich, für ungerecht behandelte Minderheiten eintreten, unabhängig davon, ob wir ihnen angehören oder nicht. Diesen Standpunkt habe ich mich bemüht, zum Leitfaden meines Lebens zu machen, so gut ich konnte."

Earl Russells vierzig Jahre alte denkwürdige Gedenkrede hat bis heute noch nichts an Aktualität, Herausforderung und Würde verloren. "Er hatte eine Leidenschaft für die Menschheit, in der sich Adel des Herzens und Klarheit des Intellekt s in einem der größten Humanisten aller Zeiten vereinten", hieß es im Nachruf des jüdischen Weltkongresses: "Das jüdische Volk wird seiner immer mit Liebe und Dankbarkeit gedenken." – Seine Rede können sich alle zu Herzen nehmen , und zwar nicht nur in Erinnerung an die sogenannte "Großaktion" der Niederschlagung des jüdischen Aufstands und der Vernichtung des Warschauer Ghettos, die der verantwortliche deutsche SS-General mit dem "schönen Schlussakkord" der Sprengung der Großen Synagoge vor fünfzig Jahren am 16. Mai 1943 für beendet erklärte, die in den Annalen der Menschheit unvergessen bleiben wird.

14. Ein fast normales Land[28] – Israel 1993

Junitage in Israel. Eine fast normale Ankunft in einem fast normalen Land. Im Ben-Gurion-Airport kaum sichtbare Sicherheitsmaßnahmen. Die Temperaturen noch fast angenehm und nicht zu heiß. Wie schön, endlich wieder einmal im Land zu sein, diesmal mit einer kleinen

[28] Im Juni 1993.

schweizerisch-deutschen Delegation.[29] Möglichst viele Freunde sprechen, möglichst viel hören und sehen.

Auf den Golanhöhen

Zunächst das hektisch pulsierende Leben in Tel Aviv, zahlreiche Autoschlangen, besonders morgens und abends. Lohnend wieder einmal ein Bummel über den geschäftig schönen Dizengoff-Boulevard. Die Tel Aviv University kurz vor Semesterferien, Gespräche über wissenschaftliche Zusammenarbeit mit dem Präsidenten, dem Rektor, dem

[29] Erhard Roy Wiehn, Eine denkwürdige Dienstreise nach Israel – Zum Auftakt der Kooperation der Universitäten Konstanz und Tel Aviv 1987. Ein Beitrag zur 50-jährigen Geschichte der Universität Konstanz. Konstanz 2015.

Vizepräsidenten und anderen Repräsentanten. Der österreichische Bundeskanzler hält eine eindrucksvolle Rede in der Universität, bietet Zusammenarbeit an, nicht zuletzt in Osteuropa, und bekommt dafür zumindest sehr freundlichen Beifall. Österreich ist wieder präsent und hat Chancen. Aber auch die deutsch-israelische Zusammenarbeit ist gut und fast normal, wird gesagt und dann besorgt gefragt, wie wohl oder übel es in Deutschland weitergeht.

Eine Tagestour über Herzlia und Haifa nach Norden, nicht ohne den herrlichen Blick vom Karmel auf die weite Bucht mit dem entfernten Akko im Dunst. Erfrischungspause in Kfar Hahóresch,[30] ein wunderschöner Kibbuz bei Nazareth, bekannt durch seine große Bäckerei, die den ganzen Norden Israels mit Backwaren versorgt. Gespräch mit einem Mitbegründer des Kibbuz, Überlebender von Bergen-Belsen, für den hier das eigentliche Israel lebt, was man gerne glauben möchte. Immerhin arbeitet hier bereits die vierte Generation in einer ungewöhnlichen Lebensform, gelebte Realutopie, eine beträchtliche Herausforderung für normale rationale Köpfe gewiss. Kibbuzim und Moschawim vielleicht noch immer Rückgrat Israels, nun auch in der Integration der osteuropäischen Einwanderung engagiert.

Fahrt mit einem Oberst der Reserve auf die Golanhöhen,[*] Besuch im Hauptquartier der Barak-Brigade irgendwo in erhabener Einöde, Begrüßung durch den kommandierenden General der Nordregion, Erläuterung der Lage dicht an der syrischen Grenze mit Blick auf Kuneitra und ein UNO-Camp. Fakten aus erster Hand. Hier herrscht äußerlich in jeder Hinsicht Ruhe, Washington scheint weit, die Golanreben im kräftigen Grün stehen näher. Eine Gedenkstätte und ein kleines

---

[30] Alexander Barzél & Erhard Roy Wiehn, Was für ein Leben – Von Budapest durch Bergen-Belsen und die Schweiz nach Israel. Ein Gespräch im Kibbuz über jüdische Ideen sowie über jüdisches Leben und Leiden 1944–1985. Konstanz 2013.

[*] "Netanjahu begeistert über Trumps Golanhöhen-Vorstoß – "Geschichte geschrieben" / Syrien empört / EU: Annexion bleibt ungültig";[31] dazu von Majd Shams Seite 2: "Die Israelis sprechen von einem Wunder – Auf dem Golan ist man begeistert über Trumps Vorstoß, Israel Souveränität über das Gebiet anzuerkennen. Der Präsident verfolgt auch innenpolitische Ziele: Er will die Demokraten spalten." In: Frankfurter Allgemeine Zeitung, Nr. 70, 23. März 2019, S. 1 u. 2.

Dokumentationszentrum präsentieren viele Namen und Fotoporträts gefallener Offiziere und Soldaten. Land gegen Frieden oder Friede gegen Frieden. Man muss die Situation vor Ort gesehen haben, um zu verstehen, worum es geht. Die jungen Soldatinnen und Soldaten tun hier ganz selbstverständlich ihren schweren Dienst, solange es nötig ist.

Wenigstens ein Tag in Jerusalem muss sein. Aus vielen Gründen zunächst wiederum ein Besuch in Yad Vahem, der immer noch einmaligen nationalen Gedenkstätte für die Opfer der Schoáh. Wie immer Besucher aus aller Welt, Soldatinnen und Soldaten der israelischen Armee, blutjunge Menschen mit ihren Waffen, bewegte Gesichter besonders am Ausgang des neuen, einzigartigen Memorials für eineinhalb Millionen ermordeter jüdischer Kinder. – Danach wieder einmal durch das faszinierende altneue jüdische Viertel zur Westmauer, was nicht ungefährlich sei, wie gewarnt wurde. Doch hier ist alles fast normal, selbst die Sicherheitskontrollen der grünen Grenzpolizei. Dieser Ort hat es in sich. Hier wird gebetet. Ein Tel Aviver Maler hat mehr darüber vermittelt als Worte es vermögen.

Gespräche in Jerusalem mit einem unvergessenen ehemaligen israelischen Botschafter in Bonn und mit dem bekanntesten Rabbiner Deutschlands, der auch in Israel lebt. Gespräch mit einem Überlebenden aus Saloniki, einst Erster Geiger im Orchester von Auschwitz,[32] nach dem Sechstagekrieg verantwortlich u.a, für die Beleuchtung der Altstadtmauer von Jerusalem. Gespräch mit dem neuen Minister für das Erziehungswesen Israels, nach dem Regierungsrevirement gerade vier Tage im Amt, ebenso freundlich wie konzentriert, seine Bürde sieht man ihm an. Alle Gespräche zwar gewiss nicht sorgenfrei, aber durchaus gedämpft optimistisch, zumindest was die nächste Zukunft betrifft.

Eindrücke einer beträchtlichen Vitalität jedenfalls. Die faszinierenden riesigen neuen Wohnviertel und Trabantenstädte Jerusalems auf den Kuppen der umliegenden Berge und die unzähligen neuen Wohn-

[32] Jacques Stroumsa, Geiger in Auschwitz – Ein jüdisches Überlebensschicksal aus Saloniki 1941–1967. Konstanz 1993.

quartiere überall im Land; die grünen Wälder des Jüdischen Nationalfonds, als ob sie schon immer dagewesen wären; fröhliches Badeleben an den Stränden des Mittelmeers und am Jam Kinnéret, fast überall volle Cafes und Restaurants, laute Ausgelassenheit am Ende des Schabbats auf den Straßen, blitzschnelle, krimireife Verhaftung eines Mannes aus dem Auto heraus, Polizisten mit gezogenen Pistolen, Theodor Herzl[33] wäre entzückt gewesen. Die riesige Einwanderungswelle aus den Ländern der ehemaligen Sowjetunion ist übrigens zumindest in Jerusalem und Tel Aviv kaum mehr sichtbar, eine gewaltige Leistung allein schon diese Integration in dieser Zeit.

Israel ein fast normales Land, das aber auch in diesen freundlichen Junitagen im Norden wieder beschossen wurde. Hörbar und sichtbar die häufigen Patrouillen der Kampfhubschrauber entlang der Küste von Tel Aviv nach Norden und zurück, dicht am Hotel vorbei, auch in der Nacht. Die Barak-Brigade verfügt über die modernsten israelischen Tanks mit gesteigerter Überlebenschance für die Besatzungen, wie man mit traurigem Stolz betont. Leider geht es am wenigsten um den ausgezeichneten Golanwein. Nach wie vor geht es um nichts anderes als um die endgültige Sicherung der Existenz des Staates Israel. Denn nach wie vor drohen so viele Gefahren wie nirgendwo sonst. Doch nicht nur die vielen Touristen erscheinen als überaus gutes Zeichen der Hoffnung. Israel erscheint in diesem Frühsommer als faszinierendes, als fast normales Land.

15. Zivilcourage als deutsche Bürgerpflicht[34] – 1993

"Der mörderische Brandanschlag von Solingen erfüllt uns alle Deutsche wie Türken – auch heute noch mit Trauer und Entsetzen. (...) in diesem Verbrechen, aber auch in den zahlreichen Brandanschlägen der Folgezeit auf Wohnungen und Geschäftslokale türkischer Mitbür-

---

[33] Erhard Roy Wiehn (Hg.) Theodor Herzl – Auf der Insel Mainau, in Konstantinopel und in Palästina als Vater der israelischen Diplomatie 1898. Eine Hommage zum 120-jährigen Jubiläum – 70 nach der Gründung des Staates Israel. Mit Beiträgen der Botschafter a.D. Yosef Govrin und Yoel Sher. Konstanz 2018.

[34] Jüdische Rundschau (Basel), 24. Juni 1993.

ger, kommt ein unfassbares Maß an sittlicher Verrohung zum Vorschein." Eine düstere Einsicht in das vereinigte Deutschland 1993.

Die Regierungserklärung Helmut Kohls von Mitte Juni ist bemerkenswert. Fünfzig Jahre nach den deutschen Barbareien in allen deutschbesetzten Ländern Europas muss ein deutscher Bundeskanzler vor dem Deutschen Bundestag nun über ein "unfassbares Maß an sittlicher Verrohung" im eigenen Land berichten. In der Tat, allein im Jahre 1992 gab es 12.000 Ermittlungsverfahren wegen rechtsextremistischer oder fremdenfeindlicher Straftaten, davon 60 Prozent Delikte wegen Volksverhetzung: 1.500 einschlägige Straftäter wurden verurteilt. Das sind beachtliche, beinahe atemberaubende Zahlen, die endlich auch die Politiker aufgeschreckt zu haben scheinen, wenn auch spät genug.

Der amtierende Vorsitzende der SPD und nordrheinwestfälische Ministerpräsident Johannes Rau stimmte mit Bundeskanzler Kohl weithin überein, erinnerte jedoch an einen simplen, oft verschleierten Tatbestand: "Jugendliche Gewalttäter fallen nicht vom Himmel, sie sind Kinder unserer Gesellschaft." Gewalt sei auch Ausdruck einer "tiefgehenden Orientierungslosigkeit" in der deutschen Gesellschaft, – wobei dazu wieder gefragt werden muss, ob Gewalt nicht schon eine neue, durchaus mit Beifall bedachte deutsche Orientierung darstellt. – Fremdenangst sei nicht mit Fremdenhass gleichzusetzen; mit Fremdenangst müsse "barmherzig" umgegangen werden, auf dass Fremdenfeindlichkeit entschlossen bekämpft werden könne. – Aber wird nicht gerade auch Fremdenangst dazu benutzt, um Fremdenfeindlichkeit zu schüren? – Rau bewies durchaus Mut, indem er manche Politiker kritisierte, die mitverantwortlich seien für das, was heute bekämpft werden müsse. In der Tat, Fremdenfeindlichkeit und Fremdenhass sind schon immer nicht irgendwie naturwüchsig entstanden, sondern zumeist bewusst gemacht worden.

Der Bundeskanzler hob den Beitrag der ausländischen Arbeitnehmer für den Wohlstand Deutschlands hervor, und seine Aufrechnung war ebenso eindeutig wie peinlich: Die Ausländerinnen und Ausländer erwirtschaften rund 200 Milliarden Mark pro Jahr, und ihre Steuern und Sozialversicherungsbeiträge werden auf 90 Milliarden Mark geschätzt: "Sie sind entschieden höher als die Aufwendungen des Staates, die der ausländischen Bevölkerung zugutekommen (...) Es ist deshalb einfach ein törichtes Gerede, die ausländischen Mitbürger fielen uns zur Last." – Für Rau sind die ausländischen Arbeitnehmer auch deshalb keine Gäste, sondern Bürger. – Kohl hingegen hält es "weiterhin für richtig, Mehrstaatlichkeit grundsätzlich zu vermeiden", auch wenn das Staatsangehörigkeitsrecht so geändert werden solle, "dass die bestehenden Einbürgerungsmöglichkeiten wesentlich besser genutzt werden als bisher". Die sogenannten "Mitbürger" dürften es mit Interesse zur Kenntnis genommen haben.

Der PDS-Abgeordnete Gysi sprach bereits von einem "flächendeckenden Brand" in Deutschland, und sogar der CDU-Generalsekretär Hintze sieht eine "neue Qualität" der Gewaltbereitschaft in Familien, Schulen und Sportstadien. Verständlicherweise bewegen den deutschen Außenminister Kinkel daher die wachsenden Zweifel gegenüber Deutschland in der Welt, wenn auch nach seiner Einschätzung das Ansehen Deutschlands nicht bedroht ist. Was jetzt schon sehr zweifelhaft erscheint. Denn "Ausländerhass ist Menschenrechtsverletzung". Richtig. "Von Deutschland darf nie wieder Ausländerfeindlichkeit oder Ausländerhass ausgehen." Was wie eine Beschwörung klingt, immerhin soll nach Kinkel über erleichterte Einbürgerung, doppelte Staatsbürgerschaft und das 'kommunale Wahlrecht für Ausländer nachgedacht werden, es gehe um "Brücken des Vertrauens" und wirkliche Gleichbehandlung. Pass gegen Hass?

Zur Bekämpfung von Gewalt und Fremdenfeindlichkeit hat das Bonner Bundeskabinett nun tatsächlich vier Arbeitsgruppen eingesetzt, die sich mit Extremismus und Jugend, Ausländerintegration, Polizei und Verfassungsschutz sowie mit Gesetzesänderung befassen sollen: "Der Umfang dieser personellen Maßnahmen stellt außer Zweifel", so Kohl, "dass wir den Rechtsextremismus mindestens genauso ernst nehmen wie den Linksextremismus." – Man wird sehen, was dabei herauskommt und ob es hilft. – "Politisches Handeln kann" Kohl zufolge "den ethischen Grundkonsens in einen Volk niemals ersetzen. Zu diesem Grundkonsens gehören auch Tugenden wie Rücksichtnahme und Hilfsbereitschaft, Dankbarkeit und Höflichkeit, Anstand und Würde. Sie sind allzu lange als altmodisch verschrien und als minderwertige Sekundärtugenden verspottet worden. Diese Irrtümer rächen sich jetzt." In der Tat, und nicht nur sie.

"Wer Hass gegen Ausländer schürt", sagte der Bundeskanzler, "kann nicht für sich in Anspruch nehmen, ein deutscher Patriot zu sein. Patriotismus, richtig verstanden, bedeutet immer auch Achtung vor der Vaterlandsliebe des Nachbarn und damit die strikte Ablehnung jeder Form nationaler Überheblichkeit." Vaterlandsliebe hin oder her, jedenfalls keine erste Strophe des "Deutschlandliedes" mehr. – Diese deutsche Regierungserklärung samt Aussprache hatte zwar beträchtliche Unschärfen und gewisse Irritationen an sich, war aber alles in allem in vieler Hinsicht bemerkenswert, die Reden zur Sache konnten sich durchweg hören lassen. Das Problem war nicht nur reif für den Deutschen Bundestag, sondern längst überfällig. Allein diese Tatsache erscheint schon bedenklich, wenn nicht gar schlimm genug. Doch man kann hoffen.

Nun ist es wirklich allerhöchste Zeit, dass den vielen Worten endlich Taten folgen. Bonn ist nicht Weimar und darf es nicht werden. Für alle Deutschen, für jeden verantwortlichen Politiker und für jeden anständigen Bürger gilt Klaus Kinkels Wort: "Zivilcourage ist jetzt erste Bürgerpflicht." Eine neue Tugend in Deutschland, auf die man gespannt sein darf.

16. Eskalation der Gewalt[35] – Verfassungsschutzbericht 1992

Warnungen gab es längst genug. Bereits 1980 war von "wachsendem neonazistischen Fanatismus" die Rede. Schon der erste gesamtdeutsche Verfassungsschutzbericht für das Jahr 1991 wurde vom damaligen Bundesinnenminister Rudolf Seiters als "besorgniserregend" empfunden. Im kürzlich vorgelegten Verfassungsschutzbericht für das Jahr 1992 heißt es nun, die Bundesrepublik Deutschland habe 1992 eine "Gewalt-Eskalation bisher nicht gekannten Ausmaßes" beim Rechtsextremismus erlebt. Ein unaufhaltsamer Marsch in neue Barbarei?

---

[35] 28. September 1993.

Das Bundesamt für Verfassungsschutz in Köln verzeichnet für das Jahr 1992 nicht weniger als 2.584 Gewalttaten von Rechtsextremisten, gegenüber 1991 eine Steigerung um 74 Prozent. 1991 wurden von Rechtsextremisten drei Menschen getötet, 1992 waren es 17, insgesamt starben 25 Menschen durch politisch motivierte Gewalt. Die meisten rechtsextremen Gewalttäter sind jünger als 30 Jahre, eine zentrale Steuerung haben die Behörden nicht ausmachen können, wohl aber eine "zunehmende Organisierung". Insgesamt sollen 42.000 Personen 82 rechtsextremen Vereinigungen angehören, 6.400 werden als militante Rechtsextremisten angesehen, 10 Prozent mehr als im Vorjahr. Die 27.000 Republikaner sind hierbei übrigens nicht mitgerechnet.

Demgegenüber wurden 28.000 Linksextremisten in 77 Organisationen registriert; hier wird von einer "Stabilisierung" ausgegangen, nur bei den "gewaltbereiten Autonomen" fand man einen kontinuierlichen Zulauf. Es wurden 972 Gewalttaten festgestellt, etwa 22 Prozent mehr als im Vorjahr; die 'Rote Armee Fraktion' wird weiterhin für die gefährlichste Terrororganisation gehalten. 39.000 Personen sollen ausländischen extremistischen Organisationen angehören, die Zahl ihrer Gewalttaten hatte sich mit 53 nahezu verdoppelt.

Bundesinnenminister Manfred Kanther hat weitere gesetzliche Maßnahmen zur Bekämpfung insbesondere des gewalttätigen politischen Extremismus gefordert. Ursachenforschung, Tiefenanalysen, prophylaktische Maßnahmen sind anscheinend noch immer kaum gefragt. Der Minister ließ sich auch nicht auf die Frage ein, ob er den Rechtsextremismus für gefährlicher halte als den Linksextremismus. Rechtsextremes Potential erscheint ihm immerhin als "Anlass zur Sorge". Rechtsextreme Aktivisten haben sich jedenfalls mittlerweile weiterhin fast völlig unbehelligt öffentlich entfalten können. Angeblich um Zusammenstöße zu vermeiden, schritt die Polizei nicht gegen Rechtsextremisten ein; sondern gegen Gegendemonstranten.

Inzwischen stellt sich längst die Frage, ob es sich bei den an sich schon überholten Daten der Verfassungsschützer vielleicht nur um die Spitze des Eisbergs handelt. Wie steht es mit Rechtsextremismus und Gewalt in den Schulen und wann geht es in den Universitäten los?

Wenn die Bundeswehr ein Spiegelbild der Gesellschaft sein sollte, was haben wir dann von den Bürgern in Uniform zu erwarten? Kommt nach dem Einzug der Gewalt nun auch der Einzug des Rechtsextremismus im Fernsehen, wenn auch zunächst nur mit bösen Wahlkampfspots? Was ist mit Deutschlands neuen Salonfaschisten? Was wird sein, wenn die neue deutsche Rechte ins Bundesparlament einzieht? Muss man sich schon auf das Schlimmste gefasst machen?

Besorgniserregend ist in der Tat die leider schon ziemlich gesicherte Erkenntnis, dass Rechtsextremisten glauben, im Sinne der schweigenden Mehrheit zu handeln. Und wer kann noch sicher sein, dass sich solche schweigenden Mehrheiten nicht bilden könnten, falls es sie nicht schon gibt? Skins schon jetzt als Deutschlands "rechte Polizei"? Sie haben Spaß am Prügeln, Freude an Brandstiftung und Totschlag: "Vollstrecker der Mehrheitsmeinung"? Gewalt hat Konjunktur. Alle politischen Gewalttäter können sich beispielsweise durch das bestätigt sehen, was seit eineinhalb Jahren im ehemaligen Jugoslawien geschieht. Gewalt scheint sich wieder zu lohnen, jedenfalls in den Augen der Gewalttäter, diplomatisch sanktioniert durch die europäischen Mächte und die UNO dazu. Zerstörte Häuser sind zerstört; vertriebene Menschen bleiben vertrieben, erschossene Menschen sind tot.

Nach dem weltweiten Niedergang der linken Ideologie und Herrschaft war der Aufstieg der Rechten voraussehbar, das Potential in Deutschland seit Jahrzehnten vorhanden. In Westdeutschland Jahr für Jahr gemessen, zeigte es sich periodisch in spektakulären Wahlerfolgen und sonstigen Skandalen, um dann wieder in den Hintergrund zu geraten. Steht nun ein Durchbruch der Rechten bevor oder wird Deutschland noch einmal davonkommen? Ist der Marsch in neue Barbarei noch zu stoppen oder nicht? Dies ist eine der Fragen, auf die Deutschland bald eine glaubhafte Antwort finden muss.

זכור לא תשכח

"Erinnere dich! – Vergiss nicht!" (5 Mose 25, 17/19)

17 Spes contra spem[36] – Zur Lage im Herbst 1993

Die Lage im Herbst 1993 ist äußerst ambivalent. Auf der einen Seite der scheinbar unaufhaltsame Marsch in neue Barbarei, die zunehmende Verwilderung von weiten Teilen der Erde, auf der anderen Seite die ungeahnte neue Hoffnung auf Befriedung einer der gefährlichsten Krisenregionen der Welt. Hoffnung und Verzweiflung ganz dicht beieinander, darüber hinaus große Ratlosigkeit und Resignation.

Gewalt hat weltweit Konjunktur. Rechtsextremismus ist eine beinahe konkurrenzlose Wachstumsbranche. Alle politischen Gewalttäter können sich durch das bestätigt sehen, was zum Beispiel seit eineinhalb Jahren im ehemaligen Jugoslawien oder seit geraumer Zeit im Kaukasus geschieht. Niemand hätte das alles für möglich gehalten. Für Simon Wiesenthal "schreit das Schweigen zum Himmel", Marek Edelmann spricht "vom späten Sieg Hitlers in Bosnien". Gemeint ist der Eroberungs- und Rassen- bzw. Religionskrieg, die Barbarei der sogenannten "ethnischen Säuberungen", die Erfahrung, dass Verbrechen sich auszahlen können, jedenfalls wie es bis jetzt scheint. Mit dem Segen der UNO wird ein Mitgliedstaat liquidiert, den man gerade anerkannt hatte. Die moralische Abdankung Europas: In Bosnien sollen 200 Kirchen und 600 Moscheen zerstört, 200.000 Menschen getötet, eine Million vertrieben worden sein. Das ist nicht nur eine Schande für die Welt, sondern eine gefährliche Versuchung für kommende Verbrecher, welche die neue Weltordnung noch hervorbringen wird und die andernorts schon am Werke sind.

In Russland und in der Ukraine ist es noch verhältnismäßig ruhig. Doch die Spannungen in diesen Ländern sind gewaltig, die wirtschaftliche Situation katastrophal, die Konfliktpotentiale gefährlich, riskant vor allem für die verbliebenen Juden übrigens. Auch dort geschieht vonseiten der westlichen Welt so gut wie nichts, obwohl unendlich viel geholfen werden könnte. Die ganzen großen Hilfsaktionen der vergangenen Jahre sind fast völlig eingestellt, die Hoffnungen vieler Menschen bitter enttäuscht, die Zukunftsaussichten äußerst düster.

[36] 29. September 1993.

Doch auch die sprichwörtliche Leidensfähigkeit der Menschen ist begrenzt. Man kann nur hoffen, dass Jugoslawien nicht ein Kinderspiel war im Vergleich zu dem, was in Osteuropa noch bevorstehen könnte.

Die bekannte gute Nachricht zuletzt. Zumindest der Anfang vom möglichen Ende des tödlichen Konfliktes im Nahen Osten scheint gemacht. Eine Verständigung zwischen Israelis und Palästinensern erscheint als ein wichtiger Schlüssel zur Einleitung eines Friedensprozesses, der freilich lange dauern wird. Die Verständigung zwischen Israel und Syrien ist ein weiterer wichtiger Schlüssel; die Übereinkunft mit Jordanien nicht ganz zu vergessen. Die Reaktionen anderer arabischer Staaten werden verschieden sein, eine Reihe von positiven Stimmen sind zu erwarten. Dieser Durchbruch hat es jedenfalls in sich; denn nicht nur ist den extremistischen Gegnern auf arabischer Seite manches zuzutrauen, auch auf israelischer Seite kann es noch beträchtliche Probleme geben, die man klar sehen und verstehen muss. Für Israel geht es schließlich um nichts anderes als um die langfristige Sicherung seiner Existenz.

Kein Zweifel, dass ein fortschreitender Friedensprozess im Nahen Osten ein großartiger Stimulus für die gesamte Weltpolitik sein könnte. Er wäre ein Beweis dafür, dass der Marsch in neue Barbarei nicht unaufhaltsam sein muss. Er könnte die Hoffnung stärken, dass auch andere Konflikte lösbar sind, dass jedenfalls der Krieg aller gegen alle vermeidbar ist. Das wäre noch nicht das Ende aller Gefahren, aber doch ein wichtiger Schritt gegen Ratlosigkeit und Resignation. Spes contra spem.

18. Ein dekuvrierender deutscher Konflikt[37] – um Kandidaten

Hat der Kandidat nicht viel gesundes Volksempfinden? "Das Merkwürdige ist in der Bundesrepublik Deutschland, dass es ein paar Bereiche gibt, die tabuisiert sind. Dazu gehört das Thema Ausländer, dazu gehört das Thema Vergangenheit Deutschlands, die Nazi-Vergangenheit." Man müsse lernen – so zitierte die *Jüdische Rundschau* (Nr.

---

[37] Jüdische Rundschau (Basel), 14. Oktober 1993.

38, 23. September 1993, S. 1) aus einem Interview der *Süddeutschen Zeitung* –, mit dieser furchtbaren Geschichte umzugehen; jedoch: "Ich glaube nicht, dass daraus eine Sonderrolle Deutschlands abzuleiten ist bis ans Ende der Geschichte." Es sei der Zeitpunkt gekommen, "dieses Ereignis einzuordnen und um Gottes willen nicht wegzulegen." Manifestiert sich in diesen an sich simplen Äußerungen nur die Sonderrolle eines Kandidaten oder seismographisch sehr viel mehr?

Die Auseinandersetzung um den deutschen Bundespräsidentschaftskandidaten ist voll entbrannt, der bis jetzt durchaus verblüffend unresigniert zu seiner umstrittenen Kandidatur steht: "Ich vertrete bestimmte Positionen, die von einer intellektuellen Schicht in Deutschland so nicht vertreten werden. Und die wehrt sich dagegen." Neuerdings lese er einfach nicht mehr jeden Kommentar, und bezüglich der Zeit vor 1945 angesprochen, reagiere er jetzt erschüttert auf den Vorwurf mangelnder Sensibilität für die deutschen Gräueltaten: "Der Judenmord hat mich mein Leben lang beschäftigt. Für mich ist klar: Es wird für uns Deutsche deshalb immer eine besondere Beziehung zu den Juden geben." Da ist sie erneut, die Frage der Sensibilität: als ob es nicht längst wieder deutsche Juden gäbe! Aber sei's drum, auf einen Fettnapf mehr oder weniger kommt es schon nicht mehr an. Ein Streit ist ausgebrochen zwischen deutschen Politikern und sogar innerhalb politischer Lager, zwischen deutschen Magazinen und Zeitungen, und die *Frankfurter Allgemeine Zeitung* (Nr. 226, 29. September 1993, S. 1) hat in alledem bereits die Züge eines "Kulturkampfes" entdeckt: Das gesunde Volksempfinden begehre auf, ein Fremder wolle Bundespräsident werden, er störe die Gemütlichkeit, diffuse Fremdenangst suche sich Feindbilder. Eine atemberaubend abstruse Argumentation in einem Konflikt , der wahrlich dekuvrierend erscheint.

Bundeskanzler Helmut Kohl, der Steffen Heitmann präsentierte, sowie seine Gefolgsleute und Gesinnungsfreunde beklagen "die Hetzjagd auf einen unbescholtenen Mann", kritisieren beleidigt das Niveau der Diskussion um einen "Wertkonservativen" und natürlich nicht das ihres Kandidaten. "Warum diese Kampagne, in der sich politische Killer-Instinkte ungehemmt austoben?" Der Frankfurter Leitartikler weiß es genau: "Es geht um die Herrschaft über die Diskurse, also darum, wer wen zwingen kann, politische Aussagen moralisch zu legitimieren." Ergo: Eine Kandidatur dieses Kandidaten und "gar seine Wahl zum Bundespräsidenten wäre ein Zeichen dafür, dass die kulturelle Veränderung in Deutschland nicht nur auch die politische Klasse erreicht hat, sondern im höchsten Staatsamt Ausdruck findet". Was zweifellos irgendwie beängstigend richtig ist, wenn man zum Beispiel den Beifall der "Republikaner" für den fraglichen Kandidaten bedenkt.

Sollte nicht ein Kandidat im eigenen wie im Interesse des Staates und seiner Bürger sofort sang- und klanglos zurückgezogen werden oder von sich aus gehen, der schon im Vorfeld vor allem "Missverständnisse" produziert? In der Tat, wenn ein deutscher Bundespräsidentenkandidat "die Singularität des Holocaust banalisiert" (CDU-Abgeordneter Friedrich Pflüger, M.d.B.), so hat er sich damit für das höchste Staatsamt disqualifiziert. Denn hier hat offenbar einer überhaupt nicht begriffen, wie verheerend seine Äußerungen nach innen und außen wirken, oder er nimmt dies bewusst in Kauf. Nach innen sind solche Einsichten mehr als nur Wasser auf die Mühlen der Rechten, nach innen und außen bestärken sie die Vermutung derer, die eben den gesamten Rechtsruck nicht für eine Randerscheinung halten, sondern für etwas Bedrohliches, das direkt aus dem Bauch der Gesellschaft kommt.

Ist das die kulturelle Veränderung, die Deutschland als Führungsmacht in der Welt qualifiziert? Ist es tatsächlich soweit, dass einer mit seinen Ansichten in bezug auf Ausländer, Europa, Frauen, Vergangenheit für das neue Deutschland repräsentativ wäre und dieses Land nach innen und außen repräsentieren könnte? Was den Umgang mit der Last der deutschen Vergangenheit betrifft, so hat der amtierende deutsche Bundespräsident Richard von Weizsäcker nicht nur im Jahre 1985, sondern bei vielen anderen Gelegenheiten im In- und Ausland – zuletzt durch seine Friedenspreisrede auf Friedrich Schorlemer in Frankfurt 1993 – jedenfalls Maßstäbe gesetzt, an denen auch künftig gemessen werden muss, ob es gefällt oder nicht. Diese Maßstäbe sollen im ureigensten Interesse der Deutschen selbst keinesfalls in Frage gestellt oder gar entwertet werden. Ignatz Bubis und andere haben sich dazu in dankenswerter Klarheit geäußert; ob der Jüdische Weltkongress mit seiner Stellungnahme gut beraten war, sei indessen dahingestellt.

Mit ihren bisherigen Bundespräsidenten hatten die Deutschen zwar nicht immer das große Los gezogen, alles in allem manchmal aber sogar großes Glück. Alle mussten sie in ganz unterschiedlichen innen- und außenpolitischen Situationen ihre historischen Bewährungsproben bestehen, wenn auch nicht jeder dazu imstande war, was gerade jetzt nicht vergessen werden darf. Für das vereinte, aber noch längst nicht geeinte Deutschland ist das höchste Staatsamt in Zukunft von ganz besonderem Gewicht, und zweifellos hat es die erste gesamtdeutsche Bundespräsidentenwahl an sich schon in sich, umso mehr in der derzeitigen innen- wie außenpolitischen Situation. Der Fall Österreichs lag zwar sicherlich anders, mag aber jedenfalls doch lehren, wie sehr ein umstrittener Präsident sein Land zu belasten vermag.

"Der Bundespräsident wird ohne Aussprache von der Bundesversammlung gewählt. Wählbar ist jeder Deutsche, der das Wahlrecht zum Bundestag besitzt und das vierzigste Lebensjahr vollendet hat." (Art. 54,1 Grundgesetz). Im Sinne des Grundgesetzes dürfte es sich hierbei wohl nur um notwendige, keinesfalls jedoch um hinreichende Wählbarkeitsvoraussetzungen handeln. Die ostdeutsche Sonderrolle genügt genauso wenig wie die des gesamtdeutschen Normalbürgers. Für das höchste Staatsamt sollten höchste Anforderungen gelten. Vorauszusehen ist freilich schon jetzt, was hinterher gesagt wird: Deutschland habe den Bundespräsidenten, den es verdient. Hoffentlich oder nicht. So oder so?

19. Rom und Jerusalem[38] – diplomatische Beziehungen

"Seitdem Innozenz III. den teuflischen Plan fasste, die Juden moralisch zu vernichten durch den Zwang, den er ihnen auferlegen ließ, einen Schandfleck auf ihre Kleider zu heften..., war das päpstliche Rom für die Juden eine unversiegbare Giftquelle...", so der Frühzionist Moses Hess (1812-1875) im Vorwort seiner Schrift über 'Rom und Jeru-

[38] Jüdische Rundschau, Basel, 18. November 1993.

salem' im Jahre 1862. Doch: "Auch Jerusalems verwaiste Kinder werden teilnehmen dürfen an der großen Völkerpalingenesis, an der Auferstehung aus dem todähnlichen Winterschlaf des Mittelalters mit seinen bösen Träumen." Eine harte Analyse und keine schlechte Prognose fürwahr, denen in dieser Zeit das unvorhergesehene Jahrtausendereignis von unabsehbarer Bedeutung folgen könnte: die "Normalisierung" der Beziehungen zwischen dem Vatikan und Israel, zwischen Rom und Jerusalem.

Nach fünf für alle Seiten teils sehr verlustreichen Kriegen in weniger als 50 Jahren, nach der UN-Antizionismus-Resolution von 1975 und ihrer Annullierung 1991 sowie 14 Jahre nach dem Frieden mit Ägypten ist 1993 nun zwischen Israel, den Palästinensern – die nur durch Israel Palästinenser geworden sind – und den arabischen Nachbarn eine geradezu atemberaubende Verhandlungsdynamik in Gang gekommen, die hoffentlich zum Frieden, d.h. zur Befriedung einer ganzen Region führt , welche während der Zeit des Kalten Krieges zu den explosivsten der Welt gehörte und einen dritten Weltkrieg hätte auslösen können. Umso mehr erscheinen die derzeitigen Friedensverhandlungen nach Inhalt und Form bis jetzt jedenfalls mehr als spektakulär. Wahrhaft revolutionär ist indessen das, was sich neuerdings zwischen Israel und dem Vatikan anbahnen dürfte: Nach einer rund 1.700-jährigen vorwiegend antijüdischen, später antizionistischen und antiisraelischen kirchlichen Machtpolitik steht eine 'Normalisierung' der Beziehungen zwischen dem Vatikan und Israel, zwischen Rom und Jerusalem bevor, von der man noch kaum ahnen kann, was sie wirklich bedeutet.

Das Christentum entstand bekanntlich aus dem Judentum, die Kirche durch das Römische Reich. Das alte Rom hatte in den Jahren 70, 73 und 135 die politische Existenz des Judentums vernichtet; die Kirche versuchte jahrhundertelang, seine religiöse Existenz zu zerstören, nachdem das Christentum seit 313 bzw. 391 zur erfolgreichen Ideologie der Macht und Herrschaft geriet. Von Paulus einmal ganz abgesehen, wird das eigentliche "Schisma" zwischen Juden und Christen um das Jahr 50 angesetzt, frühkirchliche Judenfeinde sind von Anfang an bekannt, einen entsprechenden Namen haben sich alsbald etwa Johannes Chrysostomos (354-407) und Augustinus (353-430) gemacht, später der schon genannte Innozenz III. (1198-1216), Paul IV. (1555-1559), Pius V. (1566-1572) und viele andere mehr. In den Jahren 315-814 sind 263 die Juden betreffende Gesetze und Canones zu verzeichnen: "Nicht weniger als 92 Allgemeine Konzilien und Provinzkonzilien haben zwischen dem 4. und 16. Jahrhundert Gesetze gegen die Juden erlassen." (Hans Kühner 1976) Rom gegen Jerusalem.

Ausschnitt aus Nathan Rapaports (1911-1987) "Feuerrollen" (1971) im "Wald der Märtyrer" unweit von Jerusalem

Erst 1928 ließ Pius XI. (1922-1939) den Antisemitismus verdammen. Die Rolle Pius XII. (1939-1958) während der Schoáh ist bis heute nicht weniger umstritten als die deutscher Erzbischöfe wie Michael von Faulhaber oder Conrad Gröber. Freilich haben auch Katholiken geholfen, jüdisches Leben zu retten. Karol Wojtyla, der heutige Papst, weiß gewiss, was Auschwitz bedeutet: Als Weihbischof von Krakau weilte er 1963 im Land der Überlebenden. Sein Vorgänger Paul VI. (1963-1978) besuchte Israel und Jordanien 1964; freilich war diese päpstliche Visite als "Palästinareise " deklariert, nicht als Reise von Rom nach Jerusalem.

Was Rom und Jerusalem betrifft, so hatte Johannes XXIII. (1958-1963) – der bekanntlich auch die peinlichen Fürbitten für die Juden in der Karfreitagsliturgie entfernen ließ – auf dem 11. Vatikanischen Konzil (1962-1965) eine Art theologische Normalisierung zwischen Juden und Katholiken wenigstens anregen können, was schließlich in "Nostra aetate", der "Erklärung über das Verhältnis der Kirche zu den nichtchristliehen Religionen" von 1965, zum Ausdruck kam, wenn auch ambivalent genug. Als historisches Ereignis für Rom und Jerusalem wurde mehr als 20 Jahre später der Besuch Johannes Paul II. (seit 1978) am 13. April 1986 in der Synagoge von Rom gewertet: "Ihr seid unsere bevorzugten Brüder und, so könnte man gewissermaßen sagen, unsere älteren Brüder." Beachtliche Worte, und sogar alle in Rom akkreditierten arabischen Botschafter begrüßten den Synagogenbesuch des Papstes, die "Normalisierung" zwischen Rom und Jerusalem blieb jedoch damals aus.

Seit Juli 1992 gibt es eine bilaterale Kommission zur Aufnahme diplomatischer Beziehungen. Als weiteres Signal erschien der erstmalige Besuch des aschkenasischen Oberrabbiners Israel Meir Lau aus Jerusalem bei Johannes Paul II. (in Castelgandolfo, nicht Rom!), den Außenminister Schimon Peres freilich schon im Oktober 1992 eingeladen hatten. Inzwischen drängen die Bischöfe des Nahen Ostens. Angeblich geht es dem Vatikan noch um die Klärung verschiedener Fragen, vor allem wohl um Jerusalem. Es wäre jedoch verwunderlich, wenn nicht auch alte Ressentiments noch eine gewisse letzte Rolle spielten, delikate Aspekte gibt es genug; denn schließlich sind Juden auch als Israelis die personifizierte Verneinung christlicher Glaubenswahrheiten geblieben. Aber nicht zuletzt gerade auch durch die römische Kirche verfolgt und bisweilen zugleich geschützt, hat das jüdische Volk seine einzigartige Identität und Kontinuität bis in diese Zeit bewahrt. Christentum und Judentum, Rom und Jerusalem, gäbe es ohne einander nicht in ihrer heutigen Gestalt.

Ob und wie sich nun tatsächlich ein Kreis zwischen Rom und Jerusalem schließen könnte, weiß heute wohl kein Mensch: "Es kann Israel die Anerkennung dieser seiner unersetzlichen Rolle im endgültigen Heilsplan, den G'tt uns verheißen hat, nicht verweigert werden", so Elio Toaff, der Oberrabbiner von Rom 1986 gegenüber dem Papst mit Blick auf die Rückkehr des jüdischen Volkes in sein verheißenes Land. Die gegenseitige politische Anerkennung des Vatikans und Isra els wird also zweifellos ein Politikum und Theologikum von unvergleichlichem Rang, das in der fast 2.000-jährigen jüdisch-christlichen Geschichte wie in der Weltgeschichte überhaupt ganz einzigartig erscheint. Denn hier handelt es sich um so einmalige und vielschichtige Beziehungen, die vielleicht gar nicht "normalisiert" werden können und auch keinen Vergleich erlauben: Rom und Jerusalem.

Die Aufnahme diplomatischer Beziehungen zwischen Israel und der Bundesrepublik Deutschland schon 1965 war bestimmt mehr als erstaunlich, der Friedensschluss zwischen Ägypten und Israel 1979 gewiss überaus erfreulich, die Normalisierung der Beziehungen zwischen Israel und Spanien 1986 vielleicht hat überfällig. Mehr als 45 Jahre nach der Gründung des jüdischen Staates, etwa 1.680 bzw. 1.602 Jahre nach der Anerkennung des Christentums als Staatsreligion, anno 1993 christlicher Zeitrechnung und 5754 jüdischer Zeit: Die "Normalisierung" der Beziehungen zwischen dem Vatikan und Israel, zwischen Rom und Jerusalem in dies er Zeit erscheint jedenfalls als Jahrtausendereignis von unschätzbarer Bedeutung für Juden und Christen, für Judentum und Christentum, für Israel und die Welt.[39]

[39] Erhard Roy Wiehn, Judentum und Christentum – Gemeinsames und Trennendes im kurzen Überblick. Versuch einer vergleichenden Betrachtung als aktueller Denkanstoß. Konstanz 2010.

20. Ein gefährlicher Sieg der Dummheit[40] – ubiquitär

"Mit den Juden gibt es kein Paktieren, sondern nur das harte Entweder-Oder. Ich aber beschloss Politiker zu werden." So heißt es im Ersten Band "Eine Abrechnung" zu Ende des 7. Kapitels "Die Revolution" in Adolf Hitlers *Mein Kampf* (1925) der 185 bis 187. Auflage von 1936 mit einer Gesamtauflage von damals schon 2.320.000 Exemplaren, geschrieben während der Festungshaft des Verfassers in Landsberg am Lech 1924. Bereits Ende des 2. Kapitels über die "Wiener Lehr- und Leidensjahre" bekannte der Autor: "So glaube ich heute im Sinne des allmächtigen Schöpfers zu handeln: Indem ich mich des Juden erwehre, kämpfe ich für das Werk des Herrn." (Im Original gesperrt.) Ist tatsächlich unbekannt geblieben, wohin diese Programmatik führte?

In einer Meldung der Deutschen Presseagentur hieß es kürzlich: Adolf Hitlers *Mein Kampf* sei eines der meistgefragten Bücher in Rumänien. "In Jassy (Iaşi) habe die Übersetzung auf dem Schwarzmarkt Verkaufspreise bis zu 80.000 Lei erzielt, was zwei durchschnittlichen Monatsgehältern entspricht." Bereits Anfang des Jahres (1993) hatte ein Bukarester Verlag *Mein Kampf* veröffentlicht und zum Preis von 6.500 Lei verkauft. Seit Staatspräsident Iliescu durchsetzte, das Buch entsprechend den rumänischen Verfassungsgrundsätzen als rassistische und volksverhetzende Schrift zu verbieten, ist es nur noch auf illegalem Weg zu erwerben. Die rumänische Übersetzung war übrigens nicht die erste in einem früheren sog. sozialistischen Land; in Polen ist bereits Anfang 1992 eine Übersetzung des Buches erschienen und sowohl im Buchhandel als auch auf dem Schwarzmarkt verkauft worden. Ausgerechnet in Polen.

Ende des Jahres 1993 wurde berichtet, die Flut judenfeindlicher Hetzschriften, insbesondere aus Dänemark, der Schweiz, den USA und Kanada, sei weiter angestiegen. Was Anfang 1994 nun aus Moskau gemeldet wird, könnte wohl auch aus vielen anderen Städten stammen: "Auf dem Buchmarkt finden Übersetzungen nationalsozia-

---

[40] Jüdische Rundschau, Basel, 24. März 1994.

listischer Autoren, wie etwa von Hitlers Tischgesprächen und Goebbels Tagebüchern, reißenden Absatz." Hat man in Polen und Russland die deutsche Lektion schon vergessen?

Eine ebenso erstaunliche wie gefährliche Art von Unwissenheit ist bekanntlich auch in westlichen Ländern einschließlich Japans weit verbreitet: Als im Frühjahr 1993 das *US Holocaust Memorial Museum* in Washington eröffnet wurde, hielt immerhin einer von drei Amerikanern durchaus für möglich, dass es überhaupt keinen Holocaust gegeben hat. Wie sah und sieht es in Deutschland aus?

In der *Jüdischen Rundschau* (Basel), wurde 1947 (!) eine Untersuchung zitiert, derzufolge große Teile der deutschen Bevölkerung judenfeindlich eingestellt waren. Anfang 1959 forderte der Zentralrat der Juden in Deutschland gesetzliche Maßnahmen gegen den Antisemitismus. Nach der Schändung der Kölner Synagoge Ende Dezember 1959 und weiteren einschlägigen Vorfällen verlas Carlo Schmid Anfang 1960 eine entsprechende Erklärung im deutschen Bundestag, und auch der Landtag von Baden-Württemberg befasste sich mit neuen antisemitischen Vorfällen im Lande. Im Juli 1960 schrieb Golo Mann über "Das Gespenst des Antisemitismus".

Im Jahre 1965 hatte das Zweite Vatikanische Konzil endlich befunden, dass die Juden nicht kollektiv für den Tod Jesu verantwortlich gemacht werden könnten. Trotzdem gab es auch in den folgenden Jahren, deutlich nach dem Jom-Kippur-Krieg 1973, immer wieder Anlass genug, Judenfeindschaft zu beklagen. 1981 wurde eine weitere Zunahme konstatiert, und bereits Mitte der 1980er Jahre war das Tabu wohl endgültig zerbrochen, die "Schonzeit" vorbei. Im Herbst 1988 wurde erneut bestätigt: 15 Prozent offener Antisemitismus und 30 Prozent latenter Antisemitismus in Deutschland. Dann kam die "Wende", aber keine Entwarnung, sondern das Gegenteil. Und 1994 kein Fußball an Hitlers Geburtstag, zumindest nicht in Hamburg, oder demnächst vielleicht erst recht?

Rechtsextreme Parteien scheinen in ganz Europa auf dem Vormarsch, Rechtsextremismus, Ausländerfeindlichkeit, Antisemitismus und Gewalt sind nicht zuletzt in Deutschland stetig gewachsen. In Wuppertal standen im Januar 1994 drei junge Männer vor Gericht, die einen 53-jährigen Mann "wegen seines angeblich jüdischen Glaubens" auf brutale Weise umgebracht hatten. In Hamburg begann erst unlängst ein Verfahren gegen einen ehemaligen SS-Unterscharführer, der im Juli 1941 in einem Arbeitslager bei Lublin drei jüdische Zwangsarbeiter erschossen haben soll. So schließt sich ein Kreis – etwa als Schlussstrich?

Bukarest und Moskau oder Budapest und Bratislava, Vilnius und Warschau, Prag und Zagreb sind nur weitere Beispiele für einen ebenso arroganten Revisionismus wie aggressiven, rechtsextremen Nationalismus, wenn auch mit unterschiedlichen Akzenten und Erscheinungsformen. Nationalismus und Antisemitismus gingen schon immer gerne Hand in Hand; Wirtschaftskrisen müssen zwar nicht unbedingt zu Judenfeindschaft führen, jedenfalls nicht allein und direkt (Jehuda Bauer). Wirtschaftskrisen führen jedoch häufig zu Identitätskrisen der Angehörigen jener Schichten, die vom Abstieg bedroht und mehr oder weniger deklassiert werden (Theodor Geiger).

Genau dies ist in allen ehemaligen sog. sozialistischen Ländern einschließlich Ostdeutschlands derzeit der Fall, wobei das tatsächliche Ausmaß der Verarmung für die meisten Menschen im Westen kaum vorstellbar ist, obgleich der Tiefpunkt womöglich noch gar nicht erreicht sein dürfte. Was sich an aggressivem Konfliktpotential in Mittelosteuropa zusammenbraut, könnte die Barbarei im ehemaligen Jugoslawien unschwer in den Schatten stellen, insbesondere durch die nazistische Ideologie. Wieder einmal sind die Juden in besonderer Gefahr; die Alten und Kranken leiden schon jetzt unter großer Armut. Würden Pogrome nicht wieder alle treffen?

Der letzte Satz in Hitlers politischem Testament vom 29. April 1945 lautet: "Vor allem verpflichte ich die Führung der Nation und die Gefolgschaft zur peinlichen Einhaltung der Rassegesetze und zum unbarmherzigen Widerstand gegen den Weltvergifter aller Völker, das internationale Judentum." Wie es scheint, erlebt diese barbarische Programmatik einen neuen Boom. Doch ein später Sieg Adolf Hitlers? Auf jeden Fall ein gefährlicher Sieg der Dummheit.

21. Garantien gegen Wiederholung[41] – durch Gerichte?

Während kürzlich erstmals seit 1938 in Deutschland wieder ein Synagoge brannte und dabei nur durch Zufall keine Menschen zu Schaden kamen, geht es in höchste deutsche Gerichten um "Garantien gegen Wiederholung", um Rolle und Status der Juden in Deutschland, um Verletzung ihrer Menschenwürde durch die Leugnung der Gaskammermorde, scheinbar fast nebenbei auch um die deutsche Kriegsschuldfrage.

Als oberster Gerichtshof der Bundesrepublik Deutschland im Bereich der ordentlichen Gerichtsbarkeit hatte der Bundesgerichtshof am 15. März 1994 ein einschlägiges Urteil des Landgerichts Mannheim aufgehoben, weil das "bloße bestreiten der Gaskammermorde noch nicht den Tatbestand der Volksverhetzung erfülle. In der schriftlichen Begründung vom 21. April 1994 hieß es dazu u.a.: Die Vorschrift gegen Volksverhetzung "§ 130 StGB verlangt einen Angriff auf die Menschenwürde. Allein die Verletzung der Ehre einer Person genügt hierfür nicht, Erforderlich ist vielmehr, dass der angegriffenen Person ihr Lebensrecht als gleichwertige Persönlichkeit in der staatlichen Gemeinschaft abgesprochen uns als minderwertiges Wesen behandelt wird."

Diese Argumentation hatte beträchtliche Irritationen und heftige Diskussionen ausgelöst, einschließlich der Frage, ob und wie denn die provokante Leugnung bekannter historischer Tatsachen nun überhaupt noch zu ahnden sein. Erstaunlicherweise weniger Beachtung fand dabei bis jetzt das, was hier als der "ihre Würde ausmachende Kern der Persönlichkeit" der Angehörigen "der jüdischen Bevölkerung umschrieben wird, von denen laut Bundesgerichtshof übrigens "als Verletzte nur solche Personen in Betracht (kommen), die unter nationalsozialistischer Gewaltherrschaft wegen ihrer jüdischen Abstammung verfolgt wurden und ihr Leben als Opfer dieser Gewaltherrschaft verloren oder die Verfolgung überlebten und Teil der inländischen Bevölkerung sind."

---

[41] Jüdische Rundschau (Basel), Nr. 20, 20. Mai 1994.

Das Bundesverfassungsgericht, dessen Entscheidungen alle anderen staatlichen Verfassungsorgane der Bundesrepublik Deutschland binden, befand aus gegebenem Anlass am 26. April 1994: Der vom Bundesgerichtshof hergestellte Begründungszusammenhang zwischen der Leugnung der rassisch motivierten Vernichtung der jüdischen Bevölkerung im Dritten Reich und dem Angriff auf den Achtungsanspruch und die Menschenwürde der heute lebenden Juden sei verfassungsrechtlich nicht zu beanstanden; erwiesenermaßen unrichtige Tatsachenbehauptungen seien kein schützenswertes Gut im Sinne der Meinungsfreiheit gemäß Artikel 5 des Grundgesetzes, was erfreuliche Folgen hat: Es bleibt immerhin verfassungsgemäß, die sogenannte "Auschwitzlüge" als Beleidigung und Volksverhetzung zu bestrafen. Der Persönlichkeitsschutz behält Vorrang vor dem Schutz der Meinungsfreiheit. Juden in Deutschland können also zwar als solche diesbezüglich weiterhin verletzt werden, allerdings wenigstens prinzipiell nicht straflos.

Interessant ist darüber hinaus auch hier wiederum die juristische Beschreibung der Betroffenen: "Danach bilden die in Deutschland lebenden Juden aufgrund des Schicksals, dem die jüdische Bevölkerung unter der Herrschaft des Nationalsozialismus ausgesetzt war, eine beleidigungsfähige Gruppe; die Leugnung der Judenverfolgung wird als eine dieser Gruppe zugefügte Beleidigung beurteilt." Der Bundesgerichtshof habe dazu schon ausgeführt: Es gehöre zu ihrem personalen Selbstverständnis, als zugehörig zu einer durch das Schicksal herausgehobenen Personengruppe begriffen zu werden, der gegenüber eine besondere moralische Verantwortung aller anderen bestehe und das Teil ihrer Würde sei. Die Achtung dieses Selbstverständnisses sei für jeden von ihnen geradezu eine der Garantien gegen eine Wiederholung solcher Diskriminierung und eine Grundbedingung für ihr Leben in der Bundesrepublik.

Ob die historische Wahrheit der Judenvernichtung freilich dergestalt durch Strafrecht festgeschrieben werden kann oder muss, ist fraglich genug. Ob sodann die soziale Rolle und besondere Würde der Juden in Deutschland hier sinnvoll und tragfähig beschrieben werden und ob ihre Definition als "beleidigungsfähige" und "durch das

Schicksal herausgehobene Personengruppe" eine Garantie gegen Wiederholung von Diskriminierung sein kann, scheint schon jetzt mehr als fraglich. Wie überdies Staatsanwaltschaften und Gerichte nun ihrerseits agieren und nicht zuletzt wie sich das moralische Bewusstsein und Verhalten der nichtjüdischen Deutschen den deutschen Juden bzw. den Juden in Deutschland gegenüber entwickeln, ist ebenfalls eine offene Frage.

Ob übriges "zwischen der Leugnung der Judenverfolgung im Dritten Reich und der Leugnung der deutschen Schuld am Ausbruch des Zweiten Weltkriegs" ein "wesentlicher Unterschied" und nicht etwa ein wesentlichen Zusammenhang besteht, erscheint als weitere offene deutsche Frage.

22. Im Namen des deutschen Volkes? [42]- NPD-Funktionär vor Gericht

Der NPD-Bundesvorsitzende und ehemalige baden-württembergische Oberstudienrat Günter Deckert aus Weinheim wurde Ende Juni 1994 von der 6. Großen Strafkammer des Landgerichts Mannheim "im Namen des Volkes" wegen Volksverhetzung in Tateinheit mit Aufstachelung zum Rassenhass sowie wegen Beleidigung und Verunglimpfung des Andenkens Verstorbener zu einer Freiheitsstrafe von einem Jahr auf Bewährung verurteilt. Es handelt sich um ein nicht rechtskräftiges Urteil; denn die Staatsanwaltschaft hatte zwei Jahre Freiheitsstrafe ohne Bewährung gefordert und folglich Berufung eingelegt; jetzt ist der Bundesgerichtshof gefragt. In der mündlichen Urteilsbegründung wurde zwar die Schuld des Angeklagten festgestellt, seine freundliche Beurteilung war aber damals schon aufgefallen: Er stelle zwar das jüdische Volk als "parasitär" dar und stachele damit zum Rassenhass auf; auch vertrete er die Auschwitzlüge, derzufolge die Massenvernichtung in den Konzentrationslagern nur eine Erfindung sei, um Wiedergutmachung zu erlangen; dennoch sei er "generell kein Antisemit". Im Namen des Volkes?

In der im August 1994 veröffentlichten 67-seitigen schriftlichen Begründung der Mannheimer Strafkammer ist fast jeder einzelne Satz

---

[42] 11. August 1994.

einer genauen Lektüre wert, wenn es auch schwerfällt, wo es unter anderem "im Namen des Volkes" heißt: "Der politisch rechtsstehende Angeklagte ist kein Antisemit im Sinne der nationalsozialistischen Rassenideologie, die den Juden in letzter Konsequenz das Lebensrecht abgesprochen hat, er verurteilt vielmehr die Entrechtung und Verfolgung, der die Juden deutscherseits in den Jahren 1933 bis 1945 ausgesetzt waren." Doch für ihn bleiben die verbliebenen "Juden unser Unglück": "Aufgrund seiner betont nationalen Einstellung jedoch nimmt er den Juden ihr ständiges Insistieren auf dem Holocaust und die von ihnen aufgrund derselben auch nach nahezu fünfzig Jahren nach Kriegsende immer noch erhobenen finanziellen, politischen und moralischen Forderungen Deutschland gegenüber bitter übel. Er ist der Auffassung, dass in den nationalsozialistischen Konzentrationslagern ein Massenmord an Juden jedenfalls mittels Vergasen nicht stattgefunden hat." Weil er den Juden nicht verzeihen kann, was ihnen die Deutschen angetan haben? Strafmildernd wird nun argumentiert: "Nicht außer Acht gelassen wurde auch die Tatsache, dass auch Deutschland heute noch, rund fünfzig Jahre nach Kriegsende, weitreichenden Ansprüchen politischer, moralischer und finanzieller Art aus der Judenverfolgung ausgesetzt ist, während Massenverbrechen anderer Völker ungesühnt blieben, was, jedenfalls aus der politischen Sicht des Angeklagten, eine schwere Belastung des deutschen Volkes darstellt." Hiermit bleibt nun an Deutlichkeit nichts mehr zu wünschen übrig – rechts statt Recht gesprochen "im Namen des Volkes"?

"Zwar mag man der Auffassung sein", so die Urteilsbegründung, "dass der Angeklagte ein berechtigtes Interesse wahrgenommen hat, indem er bestrebt war, die nach Ablauf fast eines halben Jahrhunderts immer noch aus dem Holocaust gegen Deutschland erhobenen Ansprüche abzuwehren. Jedoch hat er dazu nicht das erforderliche und angemessene Mittel eingesetzt (…), sondern ist über dieses weit hinausgegangen, indem er die Opfer lächerlich machte;" und warum? – Ganz einfach: "es hätte zur Verfolgung des von ihm angestrebten Zwecks völlig ausgereicht, auf die lange seit der nationalsozialistischen Judenverfolg verstrichene Zeit, den Umfang der erbrachten deutschen Sühneleistungen sowie die ungesühnten und unbereuten Massenverbrechen anderer Völker hinzuweisen."

Memorial von Moshe Safdie in Yad Vashem, Jerusalem

Da haben wir es: Endlich eine richterliche Gebrauchsanleitung für straffreie Aktivitäten von Neonazis, die von akademischen Revisionisten längst schon vorgedacht und vorbegründet wurde. Im übrigen bekenne sich der Angeklagte zum "Revisionismus" ("denn die Denkmethode beinhaltet nichts Strafbares"), "d.h. er hält es für geboten, auch als gesichert geltende historische Thesen immer wieder mittels Forschung zu überprüfen." (Frei nach Karl Popper vielleicht?) "Er hofft, dass auf diesem Wege in der Geschichtsschreibung und den Medien vertretene, als allgemeingültig angesehene Auffassungen über die Zeit des Nationalsozialismus, wie etwa zur Frage der deutschen Kriegsschuld und zu Judenvernichtung, eine Abwandlung zugunsten

Deutschlands erfahren werden. (...) Deutschland erwache "im Namen des Volkes"?

Der Angeklagte habe in der Hauptverhandlung einen guten Eindruck hinterlassen, heißt es in der Begründung der Strafzumessung weiter: "Es handelt sich bei ihm um eine charakterstarke, verantwortungsbewusste Persönlichkeit mit klaren Grundsätzen, sein politische Überzeugung, die ihm Herzenssache ist, verficht er mit großem Engagement und erheblichem Aufwand an Zeit und Energie." Weshalb er schließlich überhaupt vor Gericht geraten ist; doch keine Sorge: Seine gute, fast 30 Jahre währende Ehe gebe ihm festen Halt; hinzu komme seine sehr positive Beziehung zu Tochter, Schwiegersohn und Enkel. Eine deutsche Idylle, klar: "Einem so gearteten Manne glaubt die Kammer das Bekenntnis zur Rechtstreue, das er in der Hauptverhandlung nachdrücklich abgelegt hat, und hat daher keine Bedenken, ihm eine günstige Sozialprognose zu stellen." Und die Politprognose? Der NPD-Bundesvorsitzende wird sich freuen, zumal vor der kommenden Bundestagswahl. Was soll's, wenn der jüngste baden-württembergische Verfassungsschutzbericht vermeldet, unter seiner Führung habe die NPD "einen spürbar aggressiven verfassungsfeindlichen Kurs eingeschlagen". Im Namen des Volkes?

Auch die bisherige Unbestraftheit fällt mildernd und umso positiver ins Gewicht, "als er schon seit Jahrzehnten in der aktiven Politik und in härtesten politischen Auseinandersetzungen steht, die eine hochgradige Versuchung bilden, das Strafrecht zu missachten." Hut ab; denn "schließlich wurde auch das schwere Lebensschicksal des Angeklagten nicht außer Acht gelassen, der nach langer erfolgreicher Tätigkeit als Lehrer diesen seinen geliebten Beruf aufgeben musste und jetzt auf eine dürftige Existenz angewiesen ist." Nebbich; denn seinen geliebten Lehrerberuf hatte er aufgeben müssen, weil er 1988 wegen "Verstoßes gegen das Gebot der politischen Mäßigung und die politische Treuepflicht" aus dem Schuldienst des Landes Baden-Württemberg entlassen wurde (...). Doch schließlich wird dem NPD-Bundesvorsitzenden bescheinigt, er sein "ein Mann von hoher Intelligenz", was durch "die erfolgreiche Bewältigung des Gymnasiums, des Studiums und des Berufs eines Gymnasiallehrers zusätzlich bewiesen werde, wie wir bereits wissen: "diese intellektuelle Ausstattung wird dem Angeklagten auch künftig helfen, strafrechtliche Verstrickungen zu vermeiden..." Jedenfalls im Sinne der Mannheimer Urteilsbegründung, deren letzter Höhepunkt nun besondere Aufmerksamkeit verdient – im Namen des Volkes.

Am Ende heißt es nämlich zur Begründung der Strafaussetzung: "Die Verteidigung der Rechtsordnung gebietet nicht die Strafvollstreckung, da keinesfalls zu befürchten steht, die Strafaussetzung werde dem allgemeinen Rechtsempfinden schlechthin unverständlich erscheinen..." Wie bitte? Ja: "Vielmehr zweifelt die Kammer nicht, dass die Bevölkerung in ihrer übergroßen Mehrheit durchaus Verständnis dafür haben wird, dass einem 54-jährigen unbescholtenen Familienvater, dessen Unrecht im Grunde in der Äußerung einer Auffassung bestanden hat, die Rechtswohltat der Strafaussetzung zur Bewährung zuteil wird." Schließlich sind Günter Deckerts Taten in der Mannheimer Urteilsbegründung "hauptsächlich ... von seinem Bestreben motiviert, die Widerstandskräfte im deutschen Volk gegen die aus dem Holocaust abgeleiteten Ansprüche zu stärken." Womit wir nun nach den irritierenden Debatten um den 20. Juli 1944 endlich wissen, wer die neuen deutschen Widerstandskämpfer sind. (*Auslassung*)

Die Mannheimer Urteilsbegründung löste indessen bundesweite Empörung und Kritik aus. (*Große Auslassung*) Der deutsche Richterbund findet die Begründung nicht verständlich und nicht nachvollziehbar, ein Schaden für die deutsche Justiz, – die sich in der Aufarbeitung ihrer braunen Vergangenheit allerdings schon früher manchen Schaden zugefügt hat. Die alte Frage stellt sich wieder einmal neu: Ist die deutsche Strafjustiz auf dem rechten Auge blind? Der Mannheimer Gerichtspräsident nahm seine Richter in Schutz, denen zwar "missverständliche Formulierung" und "handwerkliche Ungeschicklichkeiten" unterlaufen, die aber über jeden Zweifel erhaben seien: "Wir sind kein braunes Landgericht, sondern ein ganz normales Landgericht." Nur: Was heißt heute "normal" in Deutschland? Eine Suspendierung der beteiligten Richter hält der Gerichtspräsident "im Interesse der rechtsstaatlichen Ordnung nicht für denkbar und schon gar nicht für wünschenswert." Man wird sehen, ob er und es dabei bleibt, ob die anstößige Begründung endlich etwas anstößt. Vor allem die deutsche Frage: Im Namen des Volkes?

23. Revisionismus in Deutschland[43] – bleibt gefährlich

Theoretischer und praktischer Revisionismus sind in Deutschland keine Randerscheinung mehr. Revisionismus ist der Versuch eines Fakten, Schuld-und Verantwortungs-Revisionismus – besonders hinsichtlich der Schoáh – mit sehr praktischen Folgen, zum Beispiel in der Rechtsprechung. Nun meldet sich ein Meister des Revisionismus in Deutschland, der emeritierte Ordinarius für neuere Geschichte an der Freien Universität Berlin, Professor Ernst Nolte, in einer Tageszeitung wieder einmal zu Wort, und zwar zur Strafbarkeit der "Auschwitzlüge".

Revisionismus geriert sich zunächst als Nicht-Revisionismus. Wohlwollend räumt Professor Note ein, die "rechtliche Diskriminierung der deutschen Juden nach 1933", Gewalttaten am 9. November 1938, öffentliche Drohungen Hitlers, die Kennzeichnung durch den gelben Stern, all das sei jedem der damals lebenden Deutschen bekannt gewesen. Überdies seien zahlreiche Soldaten mit den Ghettos und Massenerschießungen "in den Weiten des Ostens" in Berührung gekommen und hätten in der Heimat davon gesprochen. Großzügig wird weiter konzediert: "Dass der weitaus größte Teil der deportierte Juden nicht zurückkehrte", habe jedem vor Augen gestanden, der in der Nachkriegszeit lebte. Besonders wahrscheinlich jenen, die in "jüdischen" Häusern wohnten oder nebenan oder in ehemals "jüdischen" Unternehmen arbeiteten. Schon diese "Konzessionen" sind ein Chuzpe.

Revisionismus dekuvriert sich als Faktenrevisionismus. Des Professors rhetorisches Fazit: Ein Gesetz gegen die Auschwitzlüge scheine überflüssig, aber harmlos und erst recht für die Wissenshaft unschädlich zu sein. Doch dieses Gesetz betreffe eben auch das Verfahren der Massentötung in Gaskammern, die Krematoriumstechnik und die krankheitsbedingten Sterberaten, und so geht es unvermeidlich wieder

[43] Jüdische Rundschau (Basel), Nr. 38, 19. September 1994.

einmal um die Zahl der ermordeten Juden. Hier beginnt nun Noltes *Judenzählung,* als ob Juden nicht schon oft genug gezählt worden wären. Doch: "Die Frage nach der Zahl der Opfer sollte nicht von vornherein einem Verdacht ausgesetzt sein." Nein, gewiss nicht; denn es braucht gar keinen Verdacht, die Absicht ist klar genug: Wir sind wieder einmal beim Ursachenproblem, d.h. die Deutschen könnten das, was sie vielleicht gar nicht im bisher angenommenen Ausmaß angerichtet haben, doch nicht ohne Grund getan haben, falls überhaupt. Für das Auschwitz-Problem hat der Professor dann bekanntlich seine Gulag-Lösung parat, aber nicht nur sie, es kommt noch schlimmer, falls das möglich sein sollte.

Faktenrevisionismus entpuppt sich als Schuldrevisionismus. Die sophistische Botschaft ist klar: Weil die Endlösung seitens der Deutschen ohne Unterstützung großer Teile der osteuropäischen Bevölkerung gar nicht möglich gewesen wäre, könne der Begriff des "Tätervolkes" fragwürdig werden, und Nolte erinnert daran, dass die Nationalsozialisten ihrerseits die Juden immer wieder als "Tätervolk" angeklagt hatten, was wohl eine falsche, unzulässig "kollektivistische Schuldzuschreibung" gewesen sei. Das Gesetz gegen die "Auschwitz-Lüge" sei also nicht deshalb gefährlich, weil es dem einfachsten Wortsinn nach etwas Verkehrtes zum Inhalt habe, und es liege ich auch keine antiwissenschaftliche Intention zugrunde. Aber?

Schuldrevisionismus ist Verantwortungsrevisionismus. "Aber diejenigen, die die Singularität der Endlösung in einer Einmaligkeit der Gräuel und in der vollständigen Verworfenheit der Urheber – sei es Hitler, sei es des 'Tätervolkes' – sehen wollen, kämpfen in Wahrheit für eine neue Quasi-Religion", so der deutsche Professor: "Sie brauchen das absolut Böse in der Vergangenheit, um anderes Böses in der Vergangenheit und in der Gegenwart nicht ernst nehmen zu müssen." Was völlig absurd erscheint, doch aufgepasst: Das Gesetz gegen die Auschwitz-Lüge lasse sich von guten Intentionen leiten: "Aber wenn es in Kraft tritt, wird es bei entsprechender Auslegung, die in der Hand der Gerichte liegt, eine Gefahr für die geistige Freiheit in Deutschland bedeuten." Warnend wird hinzugefügt, es sei auch die Möglichkeit nicht völlig auszuschließen, dass das Gesetz gerade erst

Verdacht und Misstrauen hervorrufe. Eine gefährliche Absurdität nach dem Motto: Wo die Feuerwehr ist, da brennt es!

Theoretischer Revisionismus wird praktischer Revisionismus. Hinter allen scheinbar wissenschaftlichen Wendungen besteht nicht nur Professor Noltes eigentliches Problem doch wohl darin, dass er den Juden nicht verzeihen kann, was ihnen die Deutschen angetan haben. Es sind einfach zu viele übriggeblieben, was eben auch das Zählen so schwer macht. Historiker und Juristen hatten bekanntlich ihre eigene NS- und Post-NS-Geschichte, denen Vertreter anderer Fakultäten freilich nicht unbedingt nachstanden. Die ambivalente deutsche Nachkriegsgeschichte beginnt jetzt auch giftige Früchte zu tragen, und man muss kein Prophet sein, um vorauszusehen, dass es sich wohl erst revisionistische Kinderspiele handelt, die sich übrigens noch nicht unbedingt sichtbar in Wahlergebnissen spiegeln müssen. Mit dem erklärten Ende der Nachkriegszeit werden radikalrevisionistische Versuche nicht nur in Deutschland zunehmen, sondern auch in der postsowjetischen Welt. Es beginnt bei den Grenzen des Anstandes, bei nationalsozialen Ausgrenzungen, und bald könnte es um territoriale Grenzen gehen.

Der schleichende Revisionismus bleibt gefährlich. Das sich wiedervereinigende deutsche Selbstbewusstsein versucht auf seiner verdunkelten Seite erste revisionistische Kraftproben sowohl durch hirnleere Kahlköpfe als auch durch Gelehrten- und Juristenhirne. Deutschland als Meister im Revisionismus? Das muss wahrlich nicht sein.

24. Fünfzig Jahre danach und wie lange wovor?[44]

Anno 1995 werden wir manches genauer wissen. Das neue Jahr naht schnell, und zwar als durchaus ominöses Jahr. Noch fünf Jahre bis zur Jahrhundert- bzw. Jahrtausendwende, was man eo ipso nur alle hundert bzw. tausend Jahre erlebt, vorläufig freilich nicht nach dem jüdischen Kalender, der im Jahre 5755 steht. 1995 heißt vor allem aber auch fünfzig Jahre danach, und nicht nur das. Die Bilanz ist durchaus ambivalent. "Utopie" als "zivilisiertes Minimum" (Adolf Muschg)?

---

[44] Jüdische Rundschau (Basel), Nr. 46, 17. November 1994.

Anno 1995 wird überall in Europa und vielen Ländern der Welt des 50. Jahrestags der Beendigung des Zweiten Weltkriegs in Europa und im Fernen Osten gedacht, nicht zuletzt im neuen, größeren Deutschland, das sich noch immer zu vereinen sucht. Hier wird der aktuelle Vereinigungsschmerz vermutlich nicht nur weiterhin den möglichen früheren Trennungsschmerz bei weitem überdecken, sondern vor allem auch die Schmerzen anderer, die unter Deutschlands Lektion der ersten Hälfte des 20. Jahrhunderts litten und teilweise noch immer leiden.

Anno 1995 werden viele der wenigen nicht mehr leben, welche ein die Schoáh überlebten. Die Jüngsten, die sich noch erinnern, gehen auf die 60 zu, dann kommen die 65-, 70, 80-jährigen, stärkere Naturen stehen sogar etwas darüber. Ihnen allen droht nun die Zeit zu entschwinden wie ein Pfiff im Wind. Und mit der Zeit läuft ihnen ihr Leben davon, doch die Erinnerungen bleiben, wenigstens solange sie leben. Nicht als ob es erst gestern gewesen wäre, nein, je später desto mehr scheint es jetzt sogar erst heute geschehen zu sein.

Anno 1995 werden die letzten noch lebenden Opfer das Gefühl haben, dass ihnen die Erinnerungen an ihr früheres Leid wie durch eine Sanduhr rinnen, durch die flüchtige Gegenwart in eine endgültige Vergangenheit, in das Dunkel "inakzeptablen Vergessens" (Jorge Semprun). Doch diese Vergangenheit bleibt präsent, weil sie immer wieder vergegenwärtigt wird, wenn man sich ihrer erinnert bzw. erinnern kann, d.h. soweit sie aufgeschrieben ist. Das bedeutet freilich zugleich, dass die meisten Erinnerungen erfahrenen Leides verloren gingen und gehen, weil sie nicht aufgeschrieben, daher mit ins Grab genommen und dann vergessen sind.

Anno 1995 wird für die meisten heute lebenden Menschen in der Welt, welche überhaupt irgendetwas davon wissen, die Schoáh allenfalls immer mehr zu einem Ereignis unter anderen geraten, wenn überhaupt. Für größte Teile der jüngeren und jüngsten Generation dürfte der "Holo" schon beinahe in die zeitliche Distanz etwa des Dreißigjährigen Krieges gerückt sein, von dem vermutlich ebenso wenige wissen, wann und wie er stattgefunden hat, wie wann und was die

Schoáh war. Einmal mehr muss man, horribile dictu, zur Kenntnis nehmen: "Null Bock auf 'Holocaust'!"

Anno 1995 werden nichtsdestoweniger Historiker hoffentlich umso eifriger aufzuschreiben versuchen, was sich insbesondere an *Oral History,* an mündlicher Geschichte Überlebender, tatsächlich überhaupt noch festhalten lässt. Zugleich werden kleine und große, dümmliche und schlaue, ordinäre und intellektuelle "Revisionisten" aller Länder sich zu vereinen suchen, um mit den alten Achsenmächten vor allem Hitler-Deutschland ein bisschen mehr zu rehabilitieren und somit natürlich alle, die heute oder schon wieder heimatlichen Raum im Osten suchen. Deutschlands "Naher Osten" etwa in der Region Oberschlesien verdient exemplarische Aufmerksamkeit.

Anno 1995 könnte je nach innenpolitischer Opportunität im Inland weitere Affirmation des "deutschen Volkes" bringen, ein ominöser "Wert", der sich in der deutschen Version des Begriffs "Nation" besonders elegant zur potentiellen Abschiebung aller eignet, die "nicht dazugehören", und im übrigen längst wieder zu einem erstaunlichen Überlegenheitsgefühl "deutschen Wesens" führte, was besonders in der osteuropäischen Welt zu spüren ist, wo heute bereits manche deutschen Vertreterinnen und Vertreter der Politik, Kultur und Wirtschaft fast wieder so "herrenmenschlich" auftreten wie gewisse Vorgänger fünfzig Jahre zuvor.

Anno 1995 könnte es auch weitere "Normalisierungs"-Versuche des Existenzrechts Israels geben. Große deutsche Zeitungen sorgen sich bereits um "den jüdischen Staat im neuen Frieden" und um die "Entkolonialisierung" seines Geistes. Der Kampf um die Bergbefestigung Masada symbolisiere Israels Selbstverständnis: "Hat er je stattgefunden? Ein Mythos wird überflüssig." Und was noch? Ein ebenso dreister wie voreiliger Versuch eines Nachrufs nicht nur auf Masada. Traditionelle deutsche Karl-May-Romantik und Wirtschaftsinteressen gewürzt wird weiter für Palästinenser und Araber arbeiten, wenigstens verbal, notfalls aber auch so wie im Irak und Libyen bereits erprobt. Ob Casablanca mehr als ein Medienspektakel war, muss sich erst noch zeigen. Die Probleme um Gaza und Jericho bleiben wohl nur ein Kinderspiel gegenüber denen um den Golan und Jerusalem.

Anno 1995 werden abermals manche Karten neu gemischt. Nur in Ex-Jugoslawien dürften weiterhin mehr als anderswo ein anderes Europa als "Alptraum der ethnischen Nation" (Lord Dahrendorf) in brutaler Theorie und blutiger Praxis geprobt werden durch erbarmungslose "ethnische Säuberungen" vor den Auge der Welt. Ansonsten entwickelt sich die multikulturelle Gesellschaft in Europa weiter, wenn auch mühsam. In Frankreich dürfen zum Verdruss rechter Franzosen Muslime Moscheen bauen, welche deutsche Richter verwehren helfen, weil sie in deutsche Stadtlandschaften anscheinend nicht passen, was nota bene bereits einmal schon für Synagogen galt.

Anno 1995 werden wir manches genauer wissen; denn klüger ist man erst hinterher und zuweilen nicht einmal das. Fünfzig Jahre nach dem Zweiten Weltkrieg ist eine letzte Zeit traumatischer Wiederkehr der Leiden von wenigen noch lebenden Opfern, zugleich eine gefährliche Zeit neuer alter Versuchungen für viele, die Diktatur, Krieg und die Schoáh nicht erlebten. Von überschätzter, weil "nationaler Größe" (Max Weber) zum Größenwahn ist es noch immer nur ein kleiner Schritt. Trotz gewisser nahöstlicher Lichtblicke bleibt Frieden schwerer organisierbar als Krieg. Gewalt scheint wirksamer als Vernunft. Zur Hoffnung gibt es gleichwohl keine vernünftige Alternative. Das kommende Jahr dürfte es in sich haben. Man sollte auf vieles gefasst sein. Fünfzig Jahre danach und wie lange wovor?

25. Kein Verzeihen und kein Vergessen[45] - zum 50. Jahrestag

Kein Verzeihen und kein Vergessen haben sie mit sich gebracht, die Gedenkfeiern zum 50. Jahrestag der Befreiung des Vernichtungslagers Auschwitz-Birkenau, jedenfalls nicht bei den Überlebenden der Schoáh, ihren Angehörigen und Nahkommen. Sie hören die Ermordeten noch immer, auch wenn diese seit über 50 Jahren schweigen. Kein Verzeihen also für die Täter, kein Vergessen für die Taten der Täter und Mitläufer, die deren Taten zumindest begünstigten, wenn nicht überhaupt erst möglich machten.

[45] Jüdische Rundschau (Basel), Nr. 12, 23. März 1995.

Kein Verzeihen und kein Vergessen auch zum 8. Mai 1995, nicht für den begeisterten Beginn des "Dritten Reiches" zwölf Jahre zuvor, nicht für die hämischen und schadenfrohen Anfänge der Judenverfolgung, nicht für die erbarmungslosen Ausschreitungen des Novemberpogroms 1938 und nicht für die mitleidlose "Abschiebung" der südwestdeutschen Juden im Oktober 1940 in die französischen Internierungslager Gurs und Rivesaltes,[46] schon gar nicht für die ersten Gräuel in Polen 1939/40 und für alles, was ab Juni 1941 vom Baltikum über Weißrussland, Russland bis in die Ukraine geschah.

Kein Verzeihen für die politischen, wirtschaftlichen, militärischen, administrativen, kirchlichen, kulturellen kleinen und großen Führer vor allem im damaligen Deutschland, aber auch in Italien, Kroatien, Rumänien, Ungarn, der Slowakei, auch nicht für die allzu "hilfswilligen" Franzosen, Letten, Litauer, Ukrainer und manche andere mehr.

Kein Verzeihen der Massaker der deutschen SS-Einsatzgruppen, der KZ-Ärzte, der KZ-Wachmannschaften, der Untaten mancher Wehrmachtseinheiten und Wehrmachtsangehörigen, der kroatischen Ustascha, der ungarischen Pfeilkreuzler, der rumänischen "Eisernen Garde" samt Teilen der Gendarmerie und Armee, der ukrainischen Polizei in NS-deutschen Diensten.

Kein Verzeihen für die Denunzianten und Verräter in Deutschland, Frankreich, Holland, Polen und in allen deutschbeherrschten Ländern Europas sowie in Nordafrika, nicht für die Schweizer Erfinder des "J"-Stempels in den Pässen deutscher Jüdinnen und Juden, auch nicht für die großen und kleinen Diebe und Profiteure, die sich an Hab und Gut der jüdischen Nachbarn bereicherten, ohne jemals zur Rechenschaft gezogen worden zu sein.

---

[46] Erhard Roy Wiehn (Hg.), Oktoberdeportation 1940 – Die sogenannte 'Abschiebung' der badischen und saarpfälzischen Juden in das französische Internierungslager Gurs und andere Vorstationen von Auschwitz 50 Jahre danach zum Gedenken. Mit einer Dokumentation. Konstanz 1990; Erhard Roy Wiehn (Hg.), Camp de Gurs 1940 – Zur Deportation der Juden aus Südwest-deutschland 60 Jahre danach zum Gedenken. Konstanz 2000; Erhard Roy Wiehn (Hg.), Camp de Gurs – Zur Deportation der Juden aus Südwestdeutschland 1940. Konstanz 2010, 200 Seiten.

Kein Verzeihen, dass nicht nur die Angeklagten des Internationalen Militärtribunals von Nürnberg 1945/46 sich "nicht schuldig" faden, sondern auch sonst fast keiner, eigentlich niemand überhaupt etwas gewusst haben wollte, nur wenige NS-Prozesse sehr spät in Deutschland stattfanden, kein deutscher Richter rechtskräftig verurteilt wurde, wegen Verjährung schließlich viele Kriegsverbrechen keinerlei Sühne fanden.

Memorial auf dem Deportierten-Friedhof von Gurs

Aber auch kein Vergessen selbstloser, gelegentlich heroischer Hilfsbereitschaft seitens der "Gerechten der Völker" gegenüber den Verfolgten in Dänemark, teilweise in Holland und Frankreich, teilweise in osteuropäischen Ländern, auch in Italien, in der Schweiz nicht nur durch einen Polizeihauptmann, nicht zuletzt in Spanien und vereinzelt in Deutschland selbst.

Kein Vergessen der an sich guten, wenngleich nicht gänzlich unberechnenden Absicht einer eigentlich unmöglichen "Wiedergutmachung", kein Vergessen aber auch der bisweilen entwürdigenden, kleinlichen "Wieder(un)gutmachungsverfahren"; kein Vergessen auch der Tatsache, dass viele bis heute noch keine Entschädigung erhalten haben; kein Vergessen der Nachkriegskarrieren zahlreicher Nationalsozialisten und SS-Angehörigen.

Kein Vergessen der unvergleichlichen Engagement vieler Menschen aller Generationen und aller Schichten durch alle fünf Jahrzehnte der Nachkriegszeit in Deutschland, ihrer Arbeit für Judentum und Israel, symbolisiert nicht nur in der "Aktion Sühnezeichen", vielmehr auch in Hilfswerken wie "Wapniarka"[47] und anderen.

Kein Vergessen dessen, was von höchsten Repräsentanten Deutschlands in guter Erinnerung bleibt, etwa Bundeskanzler Willy Brandt 1970 am Denkmal der Ghettokämpfer in Warschau,[48] die Rede des Bundespräsidenten Richard von Weizsäcker am 8. Mai 1985 vor dem Deutschen Bundestag in Bonn, das beredte Schweigen des Bundespräsidenten Roman Herzog am 27. Januar 1995 in Auschwitz-Birkenau.

Kein Vergessen leider auch der verbliebenen Judenfeindschaft in Deutschland seit 1945, der zahllosen Verwüstungen jüdischer Friedhöfe, der Anschläge auf Synagogen und Menschen; kein Vergessen der Rüstungshilfen deutscher Firmen für erklärte Feinde Israels; kein Vergessen des ebenso erbärmlichen wie gefährlichen Rechtsrevisionismus und der rechtsblinden Richterurteile von Mannheim, Hamburg und andernorts.

Kein Verzeihen und kein Vergessen, dass nach dem Zweiten Weltkrieg kein deutscher Kanzler oder Bundespräsident die Überlebenden

---

[47] Matei Gall, Finsternis – Durch Gefängnisse, KZ Wapniarka, Massaker und Kommunismus. Ein Lebenslauf in Rumänien 1920–1990. Konstanz 1999; Geza Kornis, Überlebt durch Solidarität – KZ Wapniarka, Ghetto Olgopol in Transnistrien, Arbeitslager in Rumänien. Ein Zeitzeugenbericht. Konstanz 2004.

[48] Erhard Roy Wiehn, Ghetto Warschau – Aufstand und Vernichtung 1943 fünfzig Jahre danach zum Gedenken. Konstanz 1993.

der verfolgten deutschen Jüdinnen und Juden eingeladen hat, nach Deutschland zurückzukommen, als noch Zeit gewesen wäre; unvergessen, wie manche behandelt wurden, die dennoch zurückkehrten oder in Deutschland überlebten.

Kein Verzeihen und kein Vergessen am 8. Mai 1995, aber doch die alternativlose Hoffnung, dass in Deutschland vielleicht unter den jüngeren Generationen endlich mehr Verantwortung wachse, die ganze historische Last bewusst auf sich zu nehmen und unter allen Umständen alles Lernbare daraus zu lernen. Vielleicht nicht entfernt vollenden, aber endlich noch einmal ernsthaft beginnen.

26. Lektionen der Erinnerung[49] – Vergangenheit vergeht nicht

"Es wäre schlimm, wenn wir vergessen würden", so der deutsche Bundeskanzler Helmut Kohl im Juni 1995 in Israel. "Es wäre aber auch schlimm, wenn wir nur erinnern und die Zukunft vergeuden würden." Die vielen Gedenkveranstaltungen um den 8. Mai in Deutschland wie in vielen anderen Ländern und sogar in der Schweiz sind schon fast vergessen.

Seit Januar und bis Mitte Mai 1995 gab es zahlreiche Gedenktage im ganzen ehemals deutschbeherrschte Europa, aber auch in den Vereinigten Staaten und natürlich in Israel. Es waren vor allem Tage des Gedenkens der Befreiung der Konzentrations- und Vernichtungslager. Die Gedenkdaten des Fernen Ostens stehen noch aus. Manche Feiern in den Hauptstädten kleinerer Länder sind leider zu wenig beachtet worden, wie in Den Haag, Prag oder Warschau. Mammutveranstaltungen in Moskau waren von bedrückender Ambivalenz, Das offizielle Deutschland hat eine weit bessere Figur gemacht, als manche befürchtet haben mochten. Dass die "deutsche Frage" jedoch irgendwie noch immer offen ist, zeigen die rechten Reaktionen auf den 8. Mai. Ob sich wie vor zehn Jahren wiederum wenigstens eine deutsche Rede als etwas Bleibendes erweist, wird man sehen und ebenso, ob und in welcher Form es künftig einen eigenen Gedenktag geben wird.

---

[49] Jüdische Rundschau (Basel), Nr. 24, 15. Juni 1995.

An den 8. Mai 1945 wie an viele Befreiungsdaten davor können sich immer weniger Menschen persönlich erinnern, und selbst die jüngste Kriegsgeneration schwindet dahin, sowohl im Lager der Täter als auch in dem der Opfer. Gewiss wird der 8. Mai 1945 in den Geschichtsbüchern der betroffenen Völker für alle Zeiten verzeichnet bleiben, wenn auch mit unterschiedlicher Bedeutung. Die Tage des 8. Mai 1955, 1965 und 1975 bei weitem nicht die Intensität und Wirkung wie der 8. Mai 1985. Die vielen 50. Jahrestage des Jahres 1995 vermittelten bei gewachsener zeitlicher Distanz vielfach den eigentlich paradoxen Eindruck, dass die damaligen Ereignisse samt jenen davor bis 1933 zurück noch sehr viel näher lagen, als man meinte, und manche erleben gerade 1995 so, als ob es erst gestern geschehen wäre.

Dies scheint nun erstmals in Deutschland zur quasi offiziellen Einsicht geführt zu haben, dass es einen "Schlussstrich" tatsächlich nicht geben kann Ob es sich dabei um späte Akzeptanz einer ohnehin unabänderlichen Gegebenheit handelt oder nicht, die Bekundung bleibt ebenso erstaunlich wie wichtig. Immerhin könnten sich daraus neue Möglichkeiten der produktiven Auseinandersetzung mit der Vergangenheit in Theorie, Forschung und Praxis ergeben, in Schulen ebenso wie in Uni-versitäten und in der Politik, und zwar ganz unabhängig vom 8. Mai.

Dass Vergangenheit sowieso nicht vergeht, wird in der Alltäglichkeit stets leicht vergessen und muss wohl immer wieder neu erfahren werden. Beispielsweise gab die weltweit größte NS-Fahndungsstelle in Ludwigsburg kürzlich bekannt, dass aufgrund von Stasi-Unterlagen 20 Nazi-Verfahren eingeleitet oder wieder aufgerollt worden seien, und es könnten sogar mehr werden. Selbst wenn es wegen des hohen Alters der Angeklagten zu nicht allzu vielen Prozessen kommen dürfte, so erscheinen schon die Ermittlungen wichtig genug, um noch manches aufzuklären, was bis heute im Dunkeln liegt.

Zur Aufklärung der Verbrechen im Zweiten Weltkrieg könnten nach und nach auch die zahlreichen Archive in Osteuropa beitragen, die erst seit kurzem offenstehen und deren Aufarbeitung kaum begonnen hat. Dort liegen tatsächlich ungezählte Dokumente, Augenzeugenberichte, Tagebücher, Überlebens- und Sterbeberichte, deren Aufarbeitung Wissenschaft, Publizistik mindestens weitere fünfzig Jahre beschäftigen kann. Wenn durch diesbezügliche Forschungskapazitäten, die in Deutschland übrigens erst in den allerletzten Jahren erfreulicherweise gewachsen und dementsprechend hoffentlich etwas herauskommt, darf man sich manches erhoffen, was dem historischen Bewusstsein nach diesem 8. Mai nicht nur der deutschen Gesellschaft guttut: "Erinnerung", schrieb Helmut Kohl im Juni 1995 in das Gästebuch von Yad Vashem, "ist eine Chance der Begegnung."

Denn die Vergangenheit vergeht anscheinend auch nicht im Hinblick auf Antisemitismus. Während manche israelischen Wissenschaftler besonders bei Vorträgen in deutschen Universitäten gelegentlich gerne obwaltende Judendiskriminierung und Judenfeindschaft herunterzuspielen versuchen, wobei sie sich dann vornehmlich mit den Leitartiklern konservativer deutscher Tageszeitungen treffen: "Im Vergleich zu Rechtsextremisten, Rauschgiftabhängigen, Alkoholikern, Linksextremisten, Vorbestraften, Muslimen, Hindus und Kinderreichen stellen Juden die am wenigsten abgelehnte Gruppe Deutschlands dar…").

Immerhin hat 1994 eine Emnid-Umfrage Abneigung gegen jüdische Nachbarn bei 22 Prozent der deutschen Bevölkerung ermittelt, der European Jewish Congress ist zurecht besorgt. Die Tel Aviv University, der Jüdische Weltkongress und die Anti-Defamation League stellen in ihrem neuesten Jahresbericht für 1994 eine bedeutende Zunahme judenfeindlicher Vorfälle in Europa fest, wobei besonders Deutschland und Frankreich herausgehoben erscheinen (JR Nr. 14 vom 6. April 1995). Hier können gerade die juristischen Repräsentanten des Rechtsstaats noch oft genug zeigen, ob sie aus den laufenden alten NS-Prozessen gelernt haben.

Ob und in welchem Sinne das Geheimnis der Erlösung wirklich Erinnerung heißt, ist vielleicht lange nicht so klar, wie es scheint. Wie immer die göttliche Seite der Erlösung interpretiert werden mag, ihre menschliche Seite ist doch wohl nichts anderes als Umkehr. Ist das Geheimnis der Umkehr die Erinnerung? Vielleicht. Erinnern gehört zum Wesen des Menschen und zeichnet diesen als solchen auch aus. Erinnerung bedeutet in diesem historisch-moralisch-politischen Zusammenhang vor allem, das Geschehene als gut oder böse so zu akzeptieren, wie es war, und zwar mit allen Handlungskonsequenzen. Das Geheimnis der Erlösung als Erinnerung könnte dann heißen: Lernen aus Geschichte, also lernen aus den Taten, Untaten und Unterlassungen der Täter, aber auch lernen aus dem Leiden und Sterben der Opfer, mit denen diese Geschichte gemacht wurde: Erlösung durch Erinnerung als Umkehr durch Einsicht. Das kann nur jeder einzelne Mensch für sich versuchen, dazu ist Wissen nötig, respektable Vorbilder können ermutigen, große Reden helfen. Wenn diese Bereitschaft bei den Gedenkstunden der viel 50. Jahrestage vor und nach dem 8. Mai 1995 herauskommen sollte, so wäre das schon viel. Das meiste bleibt noch zu tun. Wunder sind selten. Die Schweizer Entschuldigung kam sehr spät, bleibt aber ebenso respektabel. Anno 1995 vielleicht ein letzter 8. Mai? Wohl kaum.

Amerikanisch-jüdische Reformgemeinden haben das Gedenken des Holocaust bereits in den Schlussteil der Pessach-Haggada aufgenommen, womit die Erinnerung an den 8. Mai und was seit 1933 geschah, immerhin solange gesichert bleibt, wie Pessach begangen wird. "Wir dürfen die Vergangenheit nicht vergessen", so Jizchak Rabin während Helmut Kohls Israel-Besuch 1995, "aber wir wenden uns der Zukunft zu."

27. Ein verdammt schöner Sommer[50] - in Ex-Jugoslawien

Ein schöner Sommer. Viele Menschen genießen in diesen Wochen ihre Ferien, machen jetzt den verdienten Urlaub, fahren weit fort oder bleiben zu Hause auf "Balkonien", lesen keine Zeitung und sehen keine Fernsehnachrichten mehr, versuchen so gut wie möglich, ihre kleinen und großen Alltagssorgen ein kleines Weilchen zu vergessen, hängen ihre Füße ins kühle Nass und die Seele in den warmen Sommerwind. Für Juden jedoch ist in diesem Sommer eine besonders en-

[50] Jüdische Rundschau (Basel), Nr. 31, 4. August 1995.

gagierte Aufmerksamkeit geboten.[51] Denn gleich nebenan in Bosnien wird weitergelitten und weitergestorben.

Ein schöner Sommer. Das Wetter ist bekanntlich auch auf dem Balkan schön, doch dort wird brutaler denn je gedroht, gehandelt, gehungert, geschossen, getötet, gemordet, erobert, gedemütigt, geraubt, geschändet, vergewaltigt, vertrieben, besetzt, zerstört – und weitergedroht, weitergehandelt, weitergehungert, weitergeschossen, weitergetötet, weitergemordet, weitererobert, weitergedemütigt, weitergeraubt, weitergeschändet, weitervergewaltigt, weitervertrieben, weiterbesetzt, weiterzerstört – und weiterweiter... Unbarmherzig, gnadenlos. So wird in Bosnien weitergelitten und weitergestorben.

Ein schöner Sommer. Man hatte diese Barbarei, die Tragödie, diesen Völkermord seit Jahr und Tag todsicher kommen sehen. Der UN-Sicherheitsrat, die Nato-Gremien, die Bosnien-Kontaktgruppe, Heerscharen von Diplomaten und nicht zuletzt das UN-Flüchtlingswerk tagten und tagen unentwegt, doch bislang ohne irgendeine realistische Spur von Hoffnung, diesen mörderischen Bürgerkrieg irgendwie eindämmen oder gar beenden zu können. Konferenz nach Konferenz, Papier, Rhetorik. Die Krajina und der (oder das) Kosovo haben es vielleicht noch vor sich. In Bosnien wird weitergelitten und weitergestorben.

Ein schöner Sommer. An den schönsten Sommerabenden dringt dieser mörderische Balkankrieg per Fernsehen in alle Wohnzimmer euroamerikanischer Gemütlichkeit und wahrscheinlich sogar bis in die letzten Winkel dieser schönen neuen Welt. Wir sehen sie täglich vor uns, diese grundlos verfolgten, völlig unschuldigen Menschen – Alte und Junge, Männer und Frauen, Kinder und Babys – erschöpft, verängstigt, verzweifelt. Wir sehen einzelne Gesichter und Szenen auch fast jeden Morgen in der Zeitung. Alte Kranke in Schubkarren, ausgemergelte Gerippe – die schon einmal gesehen zu haben vermeinen – , Kinder mit weggeschossenen Beinchen und Greisengesichtchen, die

[51] Zum historischen Hintergrund empfiehlt sich als Sommerlektüre: Zdenko Lewental, Auf glühendem Boden – Ein jüdisches Überlebensschicksal in Jugoslawien 1941-1947. Konstanz 1994 (Literaturpreis der Stadt Bern 1994).

vielleicht heute schon nicht mehr am Leben sind. Denn in Bosnien wird weitergelitten und weitergestorben.

Ein schöner Sommer. Eine sogenannte "UN-Schutzzone" nach der anderen ist gefallen. Dutzende von Blauhelm-Soldaten wurden als Geiseln genommen oder erschossen, ein Verbrechen folgte und folgt auf das andere. Hunderttausende haben schon früher Haus und Hof, Hab und Gut verloren. Zehntausende wurden in den allerletzten Wochen ihrer Lebensgrundlage beraubt, viele Tausende haben all dies schon gar nicht überlebt. Und noch immer gibt es so gut wie keine Bürgerdemonstrationen irgendwo in der Welt. Die "Erklärung von Avignon" seitens 200 Theaterleuten gegen die internationale Bosnienpolitik ist wacker. Greenpeace hat weltweit gepriesenen Erfolg in der Nordsee; "Bluepeace" oder "Whitepeace" für die Menschen in Exjugoslawien (oder Ruanda oder...) gibt es leider noch nicht, und Amnesty International ist für diese Gräuel wohl nicht zuständig. So wird in Bosnien weitergelitten und weitergestorben.

Ein schöner Sommer. Der Deutsche Bundestag hat Mitte Juli eine überfällige Erklärung beschlossen, worin es u.a. heißt: "Das Leiden und die Bedrohung der Bevölkerung steigern sich ins Unermessliche. Der Deutsche Bundestag verurteilt die Besetzung der Uno-Schutzzone Srebrenica durch bosnische Serben und die Vertreibung, Einkesselung und Selektion der dortigen Bevölkerung auf das schärfste. Das gilt auch für die jüngsten Angriffe auf Žepa. Wir erklären uns solidarisch mit den geschundenen Menschen. Ihr Leid und ihre verzweifelte Lage bewegen und zuriefst. Alle Möglichkeiten für humanitäre Hilfe müssen unverzüglich genutzt werden..." Doch in Bosnien wird weitergelitten und weitergestorben.

Ein schöner Sommer. "Der Deutsche Bundestag stellt sich mit Entschiedenheit gegen die eklatante Verletzung des Völkerrechts und des Friedensauftrags der UNO-Schutztruppe in Bosnien... Unser wichtigstes Anliegen angesichts der andauernden blutigen Kämpfe und der menschlichen Tragödie in Bosnien muss es bleiben, diesen Krieg zu beenden und den Menschen in ihrer Not und Verzweiflung zu helfen." Hoffentlich dann auch als Flüchtlinge in Deutschland. Im übrigen befinden sich jetzt deutsche Soldaten erstmals nach fünfzig Jahren nicht nur im Ernsteinsatz, sondern auf dem Balkan, und zwar diesmal im Auftrag der Völkergemeinschaft. Man hält den Atem an. Denn in Bosnien wird weitergelitten und weitergestorben.

Ein schöner Sommer. Endlich hat das Kriegsverbrecher-Tribunal für das ehemalige Jugoslawien in Den Haag den sogenannten "Führer" der bosnischen Serben, Radovan Karažić, ihren kriegführenden Armeechef Ratko Mladić sowie weitere 21 Serben wegen Völkermordes und Verbrechen gegen die Menschlichkeit angeklagt: Sie sind strafrechtlich verantwortlich für ungesetzliche Verhaftungen, Mord, Vergewaltigung, sexuelle Übergriffe, Folter, Raub und unmenschliche Behandlung von Zivilisten, die ungesetzliche Deportation von Zivilisten, die Zerstörung von Wohnhäusern ... und Geschäften", so der südafrikanische Chefankläger Richard Gladstone in der Anklageschrift. Fünfzig Jahre nach den Nürnberger Prozessen zweifellos ein höchst wichtiges Ereignis, doch es kommt wie jene eigentlich schon zu spät. Denn in Bosnien wird weitergelitten und weitergestorben.

Ein schöner Sommer. Fast genau ein Jahr nach Beendigung des Kriegszustandes haben sich Israel und Jordanien zu einer gemeinsamen Hilfsaktion für die bosnischen Muslime entschlossen, Beachtliche Mengen von Hilfsgütern wurden aus Amman und Tel Aviv in die kroatische Hafenstadt Split geflogen. Diese wahrlich spektakuläre Geste verdient umso größere Beachtung, wenn man die schwierige innenpolitische Situation Israels nach dem ebenso feigen wie scheußlich Mordanschlag in Ramat Gan bedenkt. Doch in Bosnien wird weitergelitten und weitergestorben.

Ein schöner Sommer. Das Leiden und Sterben in Bosnien erinnert bei aller Unvergleichbarkeit unweigerlich an jüdisches Leiden und Sterben nicht nur in den Sommern der Jahre 1940 bis 1944. Es gibt bedrückende, zornerregende, schmerzliche Ähnlichkeiten, und zwar nicht zuletzt darin, dass alle Welt wieder einmal vor allem teils wegschaut, teils zuschaut, beschwichtigt, debattiert, konferiert, proklamiert und weder UNO noch NATO noch irgendwer sonst den fortdauernden Verbrachen Einhalt zu gebieten vermochte. Der UNO-Menschenrechtsbeauftragte Tadeuz Mazowiecki ist aus Protest und Resignation zurückgetreten. Fünfzig Jahre nach ihrer Gründung liegt die

Gefahr für den moralischen Bestand der Weltorganisation längst auf der Hand. Jetzt ist sogar der Weltfriede ernsthaft gefährdet. Erstmals ist wieder vom "gerechten Krieg" die Rede. Wie kein anderes Land muss Israel aus diesem beschämenden und schändlichen Debakel die lebensnotwendigen Konsequenzen ziehen. Ein Bosnien ist mehr als genug. Eine Schande für Europa und die Welt. Denn fast schon mitten unter uns wird in Bosnien weitergelitten und weitergestorben. Ein verdammt schöner Sommer. Und erst der Herbst. Vom Winter noch ganz zu schweigen.

Die Kótel (Westmauer, "Klagemauer") in Jerusalem

28. Davidstadt Jerusalem[52] – seit 3000 Jahren

Der neue schreckliche Bombenanschlag in Jerusalem soll Israel im Herzen treffen. Die Toten und Verletzten von Ramat Eschkol sind aber ein absolut inakzeptabler Preis für einen Frieden. Der seinen Namen immer weniger verdient. In Zorn und Trauer fragen sich immer mehr Menschen, was wohl als nächstes geschieht und wie endlich weiteres Blutvergießen verhindert werden kann, ohne weit größere Opfer zu riskieren. So darf es eigentlich keinesfalls weitergehen, und doch ist ganz klar: Man muss leider mehr denn je in jüngster Zeit auf alles gefasst sein, leider auch auf Schlimmeres.

Ob der bisherige Friedensprozess zwischen Israel und den Palästinensern irreversibel ist oder nicht, muss einstweilen offenbleiben. Auch die oft gehörte These, dass es dazu keine Alternative gebe, ist nicht mehr als eine ziemlich leere politische Phrase, die allzu leicht widerlegt werden könnte. Dieser Friedensprozess hat bis jetzt jedoch immerhin wohl durchaus Menschenleben geschont oder gar gerettet, aber leider auch gekostet. Nun wachsen die Spannungen in allen Lagern. Die bisherigen Auseinandersetzungen und Ergebnisse hinsichtlich Gaza und Jericho dürften ein Kinderspiel gewesen sein im Vergleich zu dem, was im Zusammenhang der Verhandlungen über Judäa und Samaria, der "Westbank" also, noch zu erwarten ist, von den Golanhöhen ganz zu schweigen. Die Problematik von Jerusalem indessen scheint freilich alles in den Schatten zu stellen. Bleiben Jerusalem als Jeruschalájim "Ir David", Davidstadt, und die Juden für immer in Jerusalem?

Gemäß geltender Abmachungen darf auch Jerusalem im Frühjahr 1996 auf die Tagesordnung der Statusverhandlungen über die von Israel noch verwaltenden Gebiete gesetzt werden, was von palästinensischer Seite mit größter Sicherheit geschehen wird. Der Kampf um Jerusalem hat freilich schon in diesen Wochen erneut begonnen und mit dem blutigen Attentat von Ramat Eschol einen neuen Höhepunkt erreicht. Der bissige Streit um den Status des "Orienthauses" und den Zugang ausländischer Staatsgäste zu sogenannten "Stippvisiten" in

---

[52] Jüdische Rundschau (Basel), Nr. 34, 24. August 1995.

Ost-Jerusalem ist sicherlich ein kleiner Vorgeschmack auf den Konflikt um die erklärte Absicht der Gründung eines palästinensischen Staates mit der Hauptstadt Jerusalem, "Al Quds", die "Heilige" der Moslems.

Diesem palästinensischen Anspruch auf Jerusalem hat Jizchak Rabin gerade Mitte August wieder einmal eine besonders scharfe Absage erteilt: Jerusalem, bleibe "für alle Ewigkeit einzig die ungeteilte Hauptstadt Israels", womit er fast wörtlich Artikel 1 des israelischen Verfassungsgesetzes über Jerusalem vom 30. Juli 1980 paraphrasierte. Während die Meinungen über mögliche Kompromisse mit den Palästinensern (und Syrern) sowohl in Israel als auch bei den Juden in aller Welt bekanntlich weit auseinandergehen, kann es im Hinblick auf Jerusalem nicht den geringsten Zweifel geben: Jerusalem ist zwar auch eine Heilige Stadt der Christen und Moslems, bleibt aber als das einzigartige und unvergleichliche Jeruschalájim das, was es immer gewesen ist: "Ir David", Davidstadt, eine jüdische, eine israelische Stadt, die allerdings auch alle möglichen Andersgläubigen so gut leben lässt wie nie zuvor.

Vor 3000 Jahren hatte König David Jerusalem von den Jebusitern erobert und seine Stadt, die Davidstadt, begründet. Jerusalem wurde Hauptstadt des Königreiches Israel mit Sitz aller religiösen und weltlichen Institutionen. Davids Sohn Schlomo vollendete das Werk seines Vaters mit dem Bau des ersten Tempels auf dem denkwürdigen Berg Moria, wo Awraham das Opfer seines Sohnes Jizchak vorbereitet hatte. Die "Urzelle" Jerusalems, die "Ir David" am Tempelberg, wurde in den letzten Jahrzehnten erstmals wieder mit Händen begreifbar.

Nach der Zerstörung des zweiten Tempels im Jahre 70 unserer Zeit haben nach den Römern viele andere Mächte Jerusalem zu beherrschen versucht, doch nur die Juden haben diese Stadt immer geliebt. Und nur für Juden ist Jerusalem der ebenso einmalige wie unvergessene irdisch-religiöse Orientierungsort geblieben; denn durch alle Jahrhunderte haben sie am Sederabend,[53] dem Vorabend und Beginn

[53] Erhard Roy Wiehn, "Pessach-Seder-Lecture", in: Erhard Roy Wiehn, NachLese. Konstanz 2016, S. 517 ff.

des Pessachfestes, des jüdischen "Osterfestes", gebetet: "Näch-stes Jahr in Jerusalem!" Um dann für immer zu bleiben: "Jerusalem immer in uns und wir immer in Jerusalem!"

Rom, Konstantinopel und sogar Moskau hielten oder halten sich für christliche Metropolen. Mekka wurde zur zentralen Pilgerstätte der Moslems, aber allein fromme Juden aus aller Welt kamen nach Jerusalem nicht nur, um an den Resten der Tempelmauer zu beten, sondern auch um sich gewissermaßen mit Blick auf den Tempelberg bestatten zu lassen. Anfang November 1869 besuchte sogar der preußische Kronprinz Friedrich Wilhelm Jerusalem "als erhabenste Stätte der ganzen Welt". Knapp 30 Jahre später fand Theodor Herzl im Spätherbst 1898, "dass Jerusalem prachtvoll daliegt. Es ist noch in seinem jetzigen Verfall eine schöne Stadt und kann, wenn wir herkommen, wieder eine der schönsten Städte der Welt werden."[54]

Herzls damalige Begegnung mit dem jungen deutschen Kaiser Wilhelm II. – von dessen Besuch nur ein Loch in der Suleimanschen Stadtmauer blieb – war im Hinblick auf ein mögliches deutsches "Protektorat" über eine "Jüdische Heimstätte" im seinerzeit türkischen Palästina ein folgenschweres Desaster, doch über die Stadt der Städte schrieb der zionistische Realutopist: "Wenn ich künftig deiner gedenke, Jerusalem, wird es mit Vergnügen sein." 50 Jahre später wurde sein "Märchen" wahr.

Anno 1870 hatte Jerusalem 22.000 Einwohner, davon 11.000 Juden, 6.500 Moslems, 4.500 Christen; 1917: 60.500 Einwohner, 32.000 Juden, 13.500 Moslems, 15.00 Christen; 1948: 149.000 Einwohner, 84.000 Juden, 40.000 Moslems, 25.000 Christen; 1967: 267.000 Einwohner, 197.000 Juden, 58.000 Moslems, 12.000 Christen; 1995 rund 580.000 Einwohner, 400.000 Juden, 150.000 Moslems, 30.000 Christen.[55]

---

[54] Erhard Roy Wiehn (Hg.) Theodor Herzl – Auf der Insel Mainau, in Konstantinopel und in Palästina als Vater der israelischen Diplomatie 1898. Eine Hommage zum 120-jährigen Jubiläum – 70 nach der Gründung des Staates Israel. Mit Beiträgen der Botschafter a.D. Yosef Govrin und Yoel Sher. Konstanz 2018.

[55] 2019: 919.407, 64% jüdisch, 34% muslimisch, 2% christlich; http://worldpopulationreview.com/world-cities/jerusalem-population/

Im Jahr 1925 wurde auf dem Har Hatzofím, dem Mt. Scopus, die Hebräische Universität gegründet und 1967 vergrößert wiedereröffnet. Seit 1948 ist Jerusalem die Hauptstadt des jüdischen Staates Israel. Wer die geteilte Stadt zu beiden Seiten des Niemandslandes samt der schmalen Pforte des "Mandelbaumtors" in jenen Jahren je erlebte, konnte die unglaubliche Freude der Israelis und der Juden in aller Welt verstehen, als im Juni 1967 die trennenden Mauern fielen und die sogenannte "Klagemauer" auch für jüdische Beterinnen und Beter wieder zugänglich wurde, die nun freilich entschieden gedachten, für immer hier zu bleiben.

3000 Jahre Jerusalem als Ir David: Das jüdische Jerusalem rüstet zum Jubiläumsjahr 5756/1996, das nach jüdischem Kalender bereits im September 1995 beginnt. Die Stadt der Städte steht vor einem Jahr der Jahre, wie man es so bald nicht wieder erleben wird. Doch erste dunkle Schatten und gerade kürzlich durch den bedauerlichen und historisch törichten Beschluss der Europäischen Union gefallenen (siehe JR Nr. 33 vom 17. August 1995), die Feierlichkeiten in Jerusalem zu boykottieren.

Schwarze Schatten wirft nun die Bluttat von Ramat Eschkol. Noch viel schwärzere Schatten aber drohen durch den längst in der Luft liegenden palästinensischen Anspruch auf die Stadt Jerusalem, hinter der allerdings nichts weniger als die Judenheit der ganzen Welt steht. Denn an Jerusalem ist die äußerste Grenze aller Kompromissfähigkeit und Zugeständnisse erreicht. Ein palästinensische Hauptstadt Jerusalem wird es niemals geben, weshalb sie auch nicht herbeigebombt werden kann.

Der Friede muss unter allen Umständen unbedingt auch mit einer ungeteilten israelischen Hauptstadt Jerusalem möglich sein: "Vergesse ich dein, Jerusalem, so werde meiner Rechten vergessen." (Psalm 137,5) [56] Jeruschalájim bleibt als Davidstadt in der Seele des jüdischen Volkes, und Juden bleiben immer in ihrer Stadt Jerusalem.[57]

---

[56] "Im esch'kachech, Jeruschalajim, tisch'kach j'mini." (Psalm 137,5).

[57] Dazu die erweiterte Fassung, die gekürzt am 23. Juni 1996 anlässlich einer Buchvorstellung in Wehr (Südbaden) als Vortrag gehalten wurde (S. 117 ff.).

29. Lexikon der Perfidie[58] – zur jüdischen Prominenz

Bereits Anfang November 1995 kündigte der "Deutsche Buchdienst" in München an: "... bald ist es soweit: Im Dezember erscheint das Sensationslexikon *Wer ist wer im Judentum* (*Lexikon der jüdischen Prominenz. Ihr Leben – Ihr Einfluss – Ihr Wirken*)." Dieses hochbrisante Werk, so der Verlag, habe nur unter größten Widerständen durchgesetzt werden können: "Helfen Sie bitte mit, dieses Buch besonders weit zu verbreiten: Für Ihre eigene Bibliothek, als Geschenkidee zum Weihnachtsfest usw. – Bestellen Sie rasch, sehr verehrter Herr ..., damit wie umgehend und rechtzeitig liefern können..." Da kann man nur gespannt sein – oder?

Seit Anfang des Jahres 1996 gibt es nun in der Tat dieses *Lexikon der jüdischen Prominenz*, und zwar nach Auskunft des Autors namens David Korn: "Weil es bislang kein Nachschlagwerk dieser Art gab." Womit er sicher recht hat: "Warum aber sollte angesichts der Fülle an Lexika über unterschiedlichste Gruppen ausgerechnet eine Lücke in den Bücherschränken klaffen?" Ja, warum eigentlich? "Es besteht kein Grund, die jüdische Herkunft bedeutender Gestalten und Gestalter unserer Zeit krampfhaft zu vertuschen oder schamhaft zu verschweigen." Deshalb gab es offenbar dringenden rechten Handlungsbedarf.

Dieses Lexikon "behandelt" indessen einige tausend Personen "aus dem Judentum", die größere Bedeutung erlangten, und zwar solche, die noch im 20. Jahrhundert lebten, vor "allem mit Deutschland verbundene Schicksale", wobei angeblich "weder vor Liebe erblindete Philosemiten noch verbohrte Antisemiten auf ihre Kosten" kommen. Das muss man wissen, denn "Trotz Missbrauch durch den entsetzlichen NS-Antisemitismus, der zu Massenverbrechen wie in Auschwitz führte, werden Ausdrücke wie 'Judentum', 'Halbjude' usw. verwendet." Warum? "Erstens, weil man den vor mehr als einem halben Jahrhundert untergegangenen Hitler nicht zum Herrscher über die Sprache machen sollte. Zweitens, weil diese Begriffe in der jüdischen Literatur durchgängig bis heute verwendet und deshalb sachgerecht sind." Jetzt wissen wir's, doch Vorsicht, aufgepasst!

[58] Jüdische Rundschau (Basel), Nr. 7, 15. Februar 1996.

Personen mit weiter zurückliegenden oder nicht ganz sicheren angeblichen jüdischen Vorfahren wurden nicht berücksichtigt, zum Beispiel Franklin Delano Roosevelt, Sven Hedin oder Lenin. Die tatsächlich "behandelten" Personen von Egon Bahr über Ignatz Bubis, Michel Friedman, Ralph Giordano, Nina Hagen, Arno Lustiger, Marcel Reich -Ranicki, Johannes Mario Simmel bis zu Simon Wiesenthal und Michael Wolffsohn dürften sich hoffentlich nicht nur wundern; die Toten wie etwa Fritz Bauer, Albert Einstein, Anne Frank, Heinz Galinski, Nahum Goldmann, Robert Kempner, Bruno Kreisky, die Geschwister Mann, Walter Rathenau und Carl Zuckmayer können sich gegen dieses rechte "Nachschlagewerk" leider nicht mehr wehren.

Von zahlreichen Fehlern und Unvollständigkeiten einmal ganz abgesehen, bestehen die einzelnen "Porträts" aus ungenau oder gar nicht belegten Zitaten, deren angebliche "Quellen" bzw. "weiterführende Literatur" wohl generell genannt und in den Texten zwar teilweise angegeben sind, was jedoch trotz möglicher "jüdischer" Basisquellen an der mehr oder weniger deutlichen Perfidie der Auswahl und der Akzente nicht das geringste ändert. Auch die Fotos sind großenteils so ausgesucht, dass sie ganz klar einen negativen Eindruck vermitteln sollen. Dieses sogenannte "Lexikon" ist ein denunziatorisches Machwerk übelster Sorte, und der Begriff "Nachschlagewerk" erhält dadurch einen makabren Beiklang, weil es sich leicht als eine Art "Totschlagewerk" lesen und benutzen lässt.

Für eine verbesserte Neuauflage bzw. einen Folgeband ist die sachliche Mitarbeit der Leserschaft willkommen. So schreibt der Autor: "Verlag und Herausgeber verhehlen nicht, dass ihnen nationalgesinnte jüdische Persönlichkeiten besonders sympathisch sind. Sei es, dass es sich um Menschen jüdischer Herkunft handelt, die vaterländisch für ihr Geburtsland empfinden, oder um Juden, die in der Fremde ihrer Abstammungsgemeinschaft die Treue halten oder um israelische Patrioten, bei denen im übrigen volks- und vaterlandslose Deutsche in die Lehre gehen sollte." Das kann man eine böse Saat der Vorurteile nennen.

Auch nach dem ersten Holocaust-Gedenktag am 27. Januar 1996 bleibt also noch viel zu tun in Deutschland und nicht nur dort. (In

Frankreich wurden unlängst 3.000 Exemplare "Dictionaire Le Robert" wegen judenfeindlicher Entgleisungen eingestampft!) Verstärkte Wachsamkeit und entschiedener Widerstand schon gegen alle Anfänge von Nationalismus, Neonazismus und Rechtsextremismus sind somit heute noch immer vielerorts dringend gefragt.

30. Der Terroropfer Israels gedenken[59] – mit Mahnmal

Israels Operation "Früchte des Zorns" gegen die Provokationen der proiranischen Hisbollah zeigt klar genug, dass es entgegen landläufiger Beteuerungen durchaus eine Alternative zum sogenannten Friedensprozess im Nahen Osten gibt. Über die schon fast vergessene Runde der "Friedensmacher" von Scharm el-Scheich kann man Abstand gerade jetzt geteilter Meinung sein. Dennoch war diese Konferenz ein gewisser Erfolg, und zwar nicht nur kurzfristig, weil es seither keine weiteren Selbstmordattentate mehr gab (Barúch HaSchém!), sondern ebenso hoffentlich langfristig in politischer Hinsicht für Israel und den Friedensprozess in der Region. In einem solchen Kreis zumindest arabischer Machthaber war bislang noch kein israelischer Staatsmann aufgetreten, von der gemeinsamen Deklaration der Versammlung zugunsten der Vereinigten Staaten einmal ganz abgesehen. Eine einzige weitere Bombe kann allerdings alle neuen Hoffnungen sofort und mit einem Schlage wieder zunichtemachen. Umso mehr ist fast verzweifelt zu hoffen, dass es nicht nur friedliche bleibt, sondern wirklicher Friede in diesem Friedensprozess auf allen Seiten immer deutlicher erlebbar wird, was auch nach dem derzeitigen blutigen Kleinkrieg noch immer möglich erscheint.

Zwar brannten bis kürzlich Kerzen an den Tatorten in Israel; doch leider verblassen selbst die allerschwersten Terroranschläge der jüngsten Zeit nur allzu schnell: 47 Tote am 25. Februar und 3. März in Tel Aviv, insgesamt 62 Tote in wenigen Tagen, zwischen 13 und 82 Jahre alt, darunter Besucher und Gastarbeiter aus Rumänien: Wer hatte damals die Namen der Opfer gelesen? Wer wusste etwas von ihrem Leben, aus dem sie gerissen wurden? Wer würde sich heute noch daran

[59] Jüdische Rundschau (Basel), Nr. 16, 18. April 1996.

erinnern? Für die Angehörigen jedoch bleiben diese Verluste so, als ob sie erst gestern geschehen wären. Nimmt man einmal Familienangehörige und Freunde aller dieser Opfer allein der allerletzten Jahre zusammen, so gehen sie in die Hunderte und Tausende. Bei vielen dürfte es sich um Überlebende des Holocaust oder deren Nachkommen handeln. Diese Terroranschläge rissen neue schreckliche Wunden, die lange nicht verheilen und in jedem Fall schmerzende Narben hinterlassen. Das gilt gewiss ebenso für diejenigen, die bei den Terroranschlägen dabei waren und überlebten, besonders für die Verstümmelten und selbst für diejenigen, die scheinbar mit viel Glück und heiler Haut davonkamen, doch kaum mit heiler Seele. Eine israelische "Terror Victims Association" versucht, Hilfe für überlebende Opfer und Angehöre zu organisieren. Purim 5756/1996 wird dem jüdischen Volk in schmerzlicher Erinnerung bleiben.

Erstmals hat Pnina Bat-Zvi in einem Dokumentarfilm für das staatliche israelische Fernsehen Israelis porträtiert, die den Terroranschlag am 19. Oktober 1994 überlebten, der in Tel Aviv 22 Tote gefordert hatte; von einer ganz jungverheirateten Frau blieb nur die Hand mit dem nagelneuen Ehering. "Explosion in der Linie 5" ist schrecklich und traurig zugleich, weil der Film vielfältige bleibende Langzeitprobleme des Terrors anspricht und nicht zuletzt weil er die Verlassenheit der überlebenden Opfer wie der Angehörigen der Toten thematisiert. Überlebende und Hinterbliebene werden zwar von der Nationalen Versicherungsanstalt Israels versorgt, freilich von einer Abteilung, die auch Waisenkinder, Witwen und Opfer von Arbeitsunfällen betreut. Die finanzielle Versorgung der Terroropfer wurde den Zuwendungen von Hinterbliebenen oder Versehrten der israelischen Streitkräfte angeglichen, die Fürsorge ist jedoch nicht gleich, weder in Betreuung noch in Symbolik. Vorerst scheint auch keine Aussicht zu bestehen, militärische und zivile Opfer gleichzustellen. Die Unterscheidung zwischen Kriegsopfern und eben diesen "Friedensopfern" dürfte indessen heute manchen ungerecht erscheinen, wenngleich es dafür Gründe gibt.

Menorah von Benno Elkan (1877-1960) an der Knesset in Jerusalem

Nicht allzu viele Besucherinnen und Besucher Israels werden je einen israelischen Militärfriedhof aus der Nähe gesehen haben. Es gibt viele, zu viele davon in Eretz Israel, und nicht wenige sind sehr groß, die Gräber fast alle von gleicher Größe und in gleichem Stil gehalten, alle Grabsteinplatten tragen den Davidstern der *Zahal,* der *Israel Defense Forces*, sowie Inschriften mit Namen und Lebensdaten. Das Alter der Gefallenen der verschiedenen Kriege von 1948 über 1956. 1967, 1973 bis 1983 macht betroffen: 23, 33, 20. Viele der Gefallenen des Befreiungskrieges kamen aus Europa, einige aus Deutschland. Wer gelegentlich und bewundernd von den Erfolgen der israelischen Armee, Luftwaffe und Marine spricht, der sollte sich unbedingt einmal einen solchen Soldatenfriedhof ansehen, um wenigstens annähernd ermessen zu können, was die israelischen Siege wirklich geko-stet haben, mit wieviel Blut die bloße Existenz des Staates Israel bezahlt werden musste und muss. Wenn der derzeitige Friedensprozess misslingt, dann wird es sicher neue Friedhöfe geben.

Diese Militärfriedhöfe und viele Kriegsdenkmäler bleiben würdige Mahnmale für die nachkommenden Generationen im Land wie für die Juden in aller Welt, nämlich nie zu vergessen, wie kostbar und teuer jüdische Freiheit seit dem Auszug aus Ägypten bis heute geblieben sind. Die Hisbollah hat ihre "Selbstmord-Brigade" aufgerufen, "ihren Dienst aufzunehmen und sich auf ihr 'Treffen mit Allah' vorzubereiten". Wie die Kriegsopfer dürfen auch die Friedensopfer Israels nicht vergessen werden. Denn auch sie starben letztlich für die Weiterexistenz des jüdischen Staates, die Fluchtburg der Judenheit in aller Welt. Sachór.

Wie wäre es, wenn jüdische Gemeinden und Institutionen – angefangen zum Beispiel in der Schweiz, in Österreich und Deutschland – damit begännen, zur Errichtung eines speziellen Mahnmals für die Terroropfer Israels aufzurufen, zu werben und zu sammeln? Wenn sich einige größere amerikanische und unternationale jüdische Organisationen daran beteiligten, wäre ein solches Mahnmal sicher ziemlich rasch zu realisieren, vielleicht in der Nähe der Knesset zu Jerusalem, bei der großen Menorah von Benno Elkan, wo es oft sehr viele Besucher gibt.

Es wäre vor allem ein Erinnerungsmal für den zu schnell vergessenen Schmerz der Angehörigen, die eben dort ihre Lieben geehrt und vielleicht sogar mit Namen verewigt sehen könnten. Es sollte ein Mahnmal der Solidarität mit den Terror-Opfern des Friedensprozesses sein, das für alle Zeiten zeigen könnte, wie teuer dieser hoffentlich einmal kommende Friede tatsächlich war und ist und mit wie vielen einmaligen Menschenleben dafür bezahlt werden musste: Ein Mahnmal der Friedensopfer, ein Denk-Mal des Friedens – Jad schel Schalom!

31. Entlarvende Kommentare[60] – zu den Wahlen in Israel

Dass man demokratische Wahlen respektieren und jeder neuen Regierung ihre Chance lassen sollte, wollen viele wie viele andere Selbstverständlichkeiten für Israel anscheinend noch immer nicht gelten lassen. Dabei kann man zum neuen Ministerpräsidenten Benjamin Netanjahu und seiner Regierung durchaus stehen wie man will. Nach wie vor scheint es jedoch eine gut bestätigte Erfahrung zu bleiben, dass Artikel und Kommentare über Vorgänge in Israel bzw. israelische Politik oder Militäroperationen in Nahost zumindest mehr über die Einstellung der Autorinnen und Autoren zu Israel auszusagen als zur Sache selbst. Die Rede ist von dekuvrierenden Kommentaren.

Für Israel war die erste Hälfte des Jahres 1996 äußerst wechselhaft. Nach den Terroranschlägen der ersten Monate zeigte sich in Deutschland und fast weltweit eine gewisse Sympathie für Israel, die nach israelischen Gegenschlägen im Libanon um Mitte April sofort kippte. Fast quer durch alle Blätter wurde die Operation "Früchte des Zorns" als Misserfolg geradezu gefeiert, woran sich übrigens auch jüdische bzw. israelische Autoren nicht ohne Fleiß beteiligten, was gewiss ihr gutes Recht ist, wenn es denn sein muss.

Anfang Mai begann die Spekulationen über den Einfluss der Folgen der Libanon-Operation auf die Wahlchancen von Peres und Netanjahu. Die Ursachen der Operation "Früchte des Zorns" selbst waren längst vergessen, die UNO mit ihrem Generalsekretär an der Spitze

---

[60] Jüdische Rundschau (Basel), Nr. 30, 25. Juli 1996.

verstieg sich inzwischen zu einer absurden Interpretation der Beschießung von Quana. Mitte Mai war für die meisten Kommentatoren und Leitartikler ganz klar: "Es geht um Krieg oder Frieden in Nahost." Nach Mitte Mai verdüsterte sich dann allgemein die Sicht der Analytiker: "Bitterer Lorbeer, Israel vor der Schicksalswahl." Gegen Ende Mai und auf den Wahltag hin kam dann immer stärkerer Tobak: "Wahlkampf zwischen Hass und Versöhnung", auf einer obwaltenden Situation von Hass und Terror baue der Oppositionschef seinen Wahlkampf auf, also: "Sicherheit und Friede, Ideologie gegen Pragmatismus."

Am Ende des Wahltages 30. Mai 1996 wurde noch "Peres knapp in Führung" gesehen und zugleich "Israel am Scheideweg". In der folgenden Zeit hieß es: "Weltweit Sorgen um Friedensprozess", und ein gewisser Gipfel dekuvrierender Kommentierung war gleich am Abend des Wahltages etwa im Ersten Deutschen Fernsehen geboten, wo der Bonner Repräsentant der PLO allein das Feld beherrschte, dem der Moderator ausschließlich devote, israel-unfreundliche Fragen servierte. Für eine große deutsche Tageszeitung war es "schwer verständlich, warum die Mehrheit in Israel nicht mit Anerkennung auf die Errungenschaften der letzten vier Jahre zurückblickt", zum Beispiel auch auf die 62 toten Terroropfer allein in den ersten drei Monaten des Jahres 1996. "Die Wähler des Likud und der religiösen Parteien wollen ein anderes Israel. Es soll sich verschließen, fromm und jüdisch sein." Eine Chuzpe fürwahr.

Letztlich dürfe die Welt aber nicht über Israels Zukunft entscheiden, wird großzügig eingeräumt: "Das müssen Israels Wähler tun; auch wenn sie nicht wissen, was sie wollen." Der deutsche Leitartikler schien es zweifellos wieder einmal besser zu wissen. Zeitungen anderer europäischer Länder sind allerdings nicht glimpflicher mit den israelischen Wählerinnen und Wählern umgesprungen, die sich gegen die sogenannte Weltmeinung erlaubten, Netanjahu zu wählen. Für eine große italienische Zeitung hatte die Mehrheit der Araber und Israelis erstmals "gemeinsam den Kampf um den Friedensprozess verloren", für eine große französische Zeitung war das Wahlergebnis "das Produkt des Extremismus"; eine große britische Zeitung schoss gewissermaßen den Vogel ab: "Bei der wichtigsten Wahl in der kurzen Geschichte des jüdischen Staates haben die israelischen Wähler eine potentiell verheerende Entscheidung getroffen." Vor allem sei es ein Sieg der politischen Gewalt.

In den Schlagzeilen kämpfte Netanjahu hinfort "gegen internationale Besorgnis und das Misstrauen der arabischen Nachbarn", der seinerseits freilich in der ersten politischen Erklärung vielleicht nicht wenige seiner eigenen Anhänger verblüffte: Er fühle sich tief verpflichtet, den Frieden zu erreichen, der die Sicherheit Israels und seiner Nachbarn bringen soll, der Palästinenser eingeschlossen. Er fühle sich weiter dazu verpflichtet, die Friedenbeziehungen zwischen Israel und jenen arabischen Nachbarn zu vertiefen und zu stärken, mit denen Israel schon nachbarschaftliche Beziehungen pflege. Doch das "Bangen um den Friedensprozess" ging und geht weiter, wenn auch aus vielen Gründen. Ein bekanntes deutsches Nachrichtenmagazin schrieb noch Anfang Juni von einem "schwarzen Tag für den Frieden in Nahost". Auch mancher jüdische Journalist musste hier wiederum kräftig miteifern: "Vom Terror besessen." Und wovon die Schreiber?

Dass inzwischen wieder israelische Soldaten Opfer des obwaltenden Terrors geworden sind, regt neunmalkluge deutsche und europäische Kommentatoren nicht weiter auf. und sie spekulieren lieber über einen neuen israelischen Libanon-Feldzug, wozu die bekannten, Israel anklagenden und verdammenden Artikel bereits in der Schublade (bzw. im PC) auf Lager liegen. "Der Bürgermeister von Hebron fürchtet" wohl nicht nur "eine neue Intifada", vielmehr hätte er vielleicht sogar nichts dagegen, und der Mufti von Jerusalem "will den Kampf mit Selbstmordattentaten um Jerusalem nicht ausschließen". Na bitte, wer hätte das gedacht?

"Die Angst vor dem Sieger" vermeldete eine große deutsche Wochenzeitung wohl ziemlich repräsentativ. Doch schließlich hatte Israel eine neue Regierung, und "Scharon bleibt draußen", wurde nicht ohne Befriedigung unterstrichen. Aber "Netanjahus Richtlinien bestürzen Palästinenser". Vernünftiger als viele Zeitungsleute reagierte König Hussein von Jordanien, der die nervösen Reaktionen in der arabischen Welt mehrfach bedauerte. Noch Ende Juni 1996 wurde "Netanjahu ohne klare Aussage" gesehen, und schließlich meldete eine große deutsche Tageszeitung "Amerikanische Überredungsversuche im Nahen Osten – Netanjahu zeigt sich gesprächsbereit". Zuletzt wurde auf dem G7-Gipfel in Lyon angeblich "Unbehagen über israelische Äußerungen zum Golan[61] und Status von Jerusalem" laut.

Zweifellos wird es eine weitere Gelegenheit für dekuvrierende Kommentare geben, vielleicht sogar schon morgen, was durchaus unerfreulich erscheint: Denn muss Israel im Zweifel noch immer der "Jude unter den Völkern" bleiben? Es wäre schön, wenn Roby Nathanson, der Leiter des israelischen Instituts für Wirtschafts- und Sozialforschung, recht hätte: "Der neue Nahe Osten ist längst da; jetzt kommt es darauf an, wie wir ihn gestalten. – Die Chancen sind da. Wir brauchen nur die Kraft und den Willen, sie zu nutzen."

32. Reisezeit und Reiselektüre[62] – z.B. Daniel Goldhagen

Sommerzeit ist Reisezeit. Doch die Reisezeit auch dieses Sommers ist für manche jüdischen Reisenden keine Zeit des Urlaubs und der Erholung vom Alltag, vielmehr Gelegenheit einer Reise zurück in die Vergangenheit. Aus Amerika, Israel und anderen Ländern der Welt, wohin es sie vor mehr oder weniger als 60 Jahren mit viel Glück verschlagen hatte, kommen sie über Berlin, Frankfurt, München, Zürich oder andernorts für einige Tage nach Deutschland, teils offiziell eingeladen, teils ganz privat, manche wiederholt, manche zum ersten Mal, einige zugleich zum letzten Mal, zumeist im Alter von wenigstens Anfang siebzig.

Sommerzeit ist Reisezeit, aber diese Reisen in die Vergangenheit sind ebenso persönlich wie unvergleichlich und haben doch vieles gemeinsam. Nach oft jahrelangem Ringen mögen sich wohl alle diese jüdischen Deutschland-Reisenden schließlich entschlossen haben, einmal wenigstens wieder das Land zu besuchen, das ihnen, ihren Familien und Ihresgleichen einst so viel Schreckliches angetan hatte. Na-

[61] Am 25. März 2019 durch den Präsidenten der Vereinigten Staaten, Donald Trump, als israelisches Staatsgebiet anerkannt. (26.03.2019)

[62] Jüdische Rundschau (Basel), Nr. 35, 29. August 1996.

türlich wissen sie, dass die Tätergeneration fast schon ausgestorben ist, aber selbst das Wiedersehen mit gleichaltrigen Schulkameradinnen und Klassenkameraden bleibt ein Gehversuch auf dünnem Eis, mit besonderen Schattierungen übrigens in den sogenannten neuen deutschen Bundesländern der früheren DDR, dem ehemals selbsternannten ersten "antifaschistischen" Staat auf deutschem Boden, in dem paradoxerweise oder nicht die Schoáh weithin tabuisiert wurde, unter anderem weil sie "nicht Bestandteil der Geschichte der Arbeiterklasse war". Auch hier können jüdische Besucher die geahnte, weil bekannte Erfahrung machen, dass sich nur wenige Der Gleichaltrigen an die Hitler-Begeisterung der dreißiger Jahre zu erinnern vermögen, die den damaligen Opfern selbst mit allen Schrecknissen noch so unmittelbar vor Augen stehen, als ob alles erst gestern geschehen wäre, wobei auch heute die jüngsten eigenen Wehwehchen natürlich viel mehr weh tun als die tödlichen Leiden der Juden damals.

Denkmal für die ermordeten Juden Europas in Berlin von Peter Eisenman 2005

Sommerzeit ist Reisezeit, und diese jüdischen Reisen in die Vergangenheit geraten dann bisweilen doch glücklicherweise vielfach zu Reisen zur Enkelgeneration der Gegenwart. Für die junge Generation in Deutschland heute ist die Begegnung mit überlebenden ehemaligen jüdischen Einwohnern ihrer Stadt nicht selten die erste haut- bzw. geschichtsnahe, direkte und persönliche Begegnung mit lebendigen Juden überhaupt – die von allen Beteiligten als eine Art "Sternstunde" erfahren werden kann: Genugtuung über einen gewissen Anhauch später Gerechtigkeit der Geschichte. Dabei werden dann Antworten auf Fragen erhofft, die ihre Eltern kaum gestellt und zu denen ihre Großeltern beredt genug geschwiegen haben und vielfach noch immer schweigen. Abgesehen von der unübersehbar großen Hitler-Anhängerschaft so vieler Deutscher damals, wird seitens der damaligen jüdischen Opfer heute nicht zuletzt sogar das gewissermaßen hörbare Schweigen der Nichtanhänger ab 1933 noch laut genug erinnert. Nein. Hass wird dennoch nicht empfunden, denn Hass ist zweifellos keine jüdische Tugend; doch können Trauer und Unverständnis über das, was Menschen damals Menschen angetan haben – und weil dies heute nicht selten noch immer nicht zur Kenntnis genommen wird, in Stunden der Wiederbegegnung mit den Stätten leidvoller Kindheit unversehens immer wieder überwältigen.

Sommerzeit ist Reisezeit, für diese jüdischen Deutschland-Reisenden noch immer mit schwerem Gepäck, aber eben auch mit der Botschaft, dass die Welt nicht ganz in ewigem Hass zugrunde gehen muss, dass vielmehr Geschichte zum Guten gewendet werden kann, wenn aus ihr gelernt wird. "Weil sie übriggeblieben sind"[63] – "Kinder aus gutem Hause"[64] oder nicht – aus Frankfurt am Main, Karlsruhe, Suhl oder sonst woher,[65] sehen manche Überlebende in ihren vorgerückten Jahren gerade heute ihre Mission darin, in Amerika und Israel etwa, aber eben auch in Deutschland, gewissermaßen Übersetzer und Vermittler der Vergangenheit zu sein, letzte Zeugen auf Zeit als wahrhaftige Lehrer vergegenwärtigter Geschichte, deren Lebens-, Leidens-

[63] Ludwig Mühlfelder, Weil ich übriggeblieben bin – Ein jüdisches Überlebensschicksal aus Suhl in Thüringen und Amerika 1924-1994. Konstanz 1995.

[64] Gretel Baum-Meróm & Rudy Baum, Kinder aus gutem Hause / Children of a Respectable Family – Von Frankfurt am Main nach Israel und Amerika / From Frankfurt to Israel and America. Erinnerungen, Fotos und Dokumente / Memories, photos and documents 1913/15-1995-2011. Konstanz 2011.

[65] Zwi Helmut Steinitz, Jüdisches Tagebuch – Ein Überlebender der Schoáh engagiert sich als Israeli in Deutschland, besucht seine Geburtsstadt Posen und das Massengrab seiner Familie in Bełżec. Konstanz 2010.

und Überlebensgeschichte mit Glück überdauern, soweit sie aufgeschrieben und veröffentlicht sind.

Stolpersteine von Gunter Demnig für Angehörige der Familie Thanhauser in Konstanz 2018

Sommerzeit ist Reisezeit. Wie sehr diese Vergangenheit immerzu mitten in die Gegenwart hineinragt, zeigen die obwaltende Diskussion auf die Aufhebung noch immer gültiger Urteile von NS-Gerichten ebenso wie der Skandal um den Prozess gegen einen bislang völlig unbelangten SS-Offizier in Rom. Und alle Kritik an Daniel Goldhagens *Hitlers willige Vollstrecker – Ganz gewöhnliche Deutsche und der Holocaust* (Berlin 1996) hat dessen Wirkung weder erklärt noch gemindert, die nämlich ganz schlicht in der einfachen Wahrheit besteht, dass er im Kern seines Buches recht hat: Ohne Hunderttausende, vielleicht sogar Millionen kleiner und großer, teils bedenkenloser, teils begeisterter Handlanger und Vollstrecker wie auch ohne so viele feige, gleichgültige, mitleidlose, schadenfrohe Schweiger innerhalb und außerhalb Deutschlands wären das Großdeutsche Reich, der Zweite Weltkrieg und insbesondere die Schoáh niemals möglich gewesen.

Sommerzeit ist Reisezeit und Zeit für Reiselektüre. Jüdische Deutschland- und Europa-Reisende 1996 brauchen Goldhagen nicht zu lesen, sie haben ihn ohnehin im Gepäck; denn vieles, worüber er als Nachgeborener ganz unverblümt, vielleicht stilistisch überzogen, vielleicht etwas nassforsch, aber erfrischend respektlos gegenüber etablierten Holocaust-Experten schreibt, das haben sie selbst erlebt, und in der Tat war alles bereits allen längst bekannt, die es wissen wollten. Doch dieser couragierte Autor zeigt *cum ira et studio* einmal mehr, dass darüber kein Gras des Vergessens wachsen kann, und genau das schmerzt vor allem jene, die geglaubt haben mochten, dass man diese Vergangenheit vielleicht doch revidieren, vergessen oder sonstwie vergehen machen könnte. Daher sollte man in "Hitlers willigen Vollstreckern" eine durchaus positive Provokation zum Lernen aus Geschichte sehen. In diesem Sinn wäre Goldhagens Buch dann eine Art Reiselektüre auf dem ebenso mühsamen wie hoffnungsvollen gegenwärtigen Weg von der Vergangenheit in die Zukunft, und zwar nicht nur in dieser Sommerzeit.

33. Im traurigen Monat November[66] – genauer am 9.

"Im traurigen *Monat November war's":*[67] Am 9. November 1918 wird die erste deutsche Republik ausgerufen. Fünf Jahre später, am 9. November 1923, unternimmt Hitler in München einen Putschversuch. 15 Jahre später, am 9. November 1938, wird die sogenannte "Reichskristallnacht" inszeniert.[68] Am 9. November 1939 werden im Großdeutschen Reich und in den bereits deutsch-besetzten Gebieten Juden nun immer erbarmungsloser verfolgt und misshandelt. Im November 1940 sind schon zahlreiche Deportierte aus Baden und der damaligen Saar-

[66] Jüdische Rundschau (Basel), Nr. 45, 7. November 1996.

[67] "Im traurigen Monat November war's, die Tage wurden trüber", schrieb Heinrich Heine Anfang des Jahres 1844 in Paris. Gewiss konnte er damals nicht ahnen, dass sich diese wie manche andere seiner Worte als schrecklich prophetisch erweisen würden. Der Monat November hat es in sich, für das deutsche, österreichische und gewiss für das jüdische Volk.

[68] Erhard Roy Wiehn, Zum Reichspogrom 1938 – Die Ereignisse in Konstanz 70 Jahre danach zum Gedenken. Konstanz 2008.

pfalz auf dem Transport und dann im französischen Internierungslager Gurs verstorben.[69] Am 9. November 1941 werden u.a. in Mir/ Weißrussland 1.500 Juden ermordet. Am 9. November 1942 beginnt in Dzialoszyce/Südpolen die Deportation Hunderter Juden; aus dem Durchgangslager Drancy bei Paris werden 1000 Frauen und Männer nach Auschwitz verbracht, davon 900 direkt in die Gaskammer, nur 15 erleben die Befreiung; aus Skalat bei Tarnopol/Ukraine werden 1000 Juden in das Vernichtungslager Bełżec deportiert;[70] aus Oiaski/ Ukraine werden 4.000 Juden nach Majdanek deportiert, um dort sofort ermordet zu werden. Am 9. November 1943 werden in Postay/ Weißrussland 600 Menschen ermordet. Was am 9. November 1988 allein in Auschwitz geschieht, würde mehr Platz beanspruchen, als hier zur Verfügung steht; 45 Jahre später, am 9. November 1989 fällt schließlich die Berliner Mauer, nach dem ersten Freudentaumel beginnt die rechte Szene in Deutschland Angst und Schrecken im Land zu verbreiten und die Welt in Sorge zu versetzen. Derzeit scheint es eher ruhig zu sein, doch der Schein dürfte trügen. Die "deutsche Frage" im Sinne des Lernens aus Geschichte ist in und für Deutschland und Österreich noch immer nicht endgültig beantwortet.

"Im traurigen Monat November war's", und auch der Tag danach, der 10. November 1938, bleibt bemerkenswert, gerade wie er schon ziemlich vergessen scheint. Am Morgen dieses Tages werden im ganzen Reich ca. 30.000 jüdische Männer verhaftet, in die Konzentrationslager Buchenwald, Dachau und Sachsenhausen verbracht und dort drangsaliert und gequält, wobei nicht wenige zu Tode kommen. Als Vorwand für den Novemberpogrom des Jahres 1938 diente die Ermordung des deutschen Botschaftssekretärs Ernst vom Rath in Paris; dieser wurde von dem jungen Herschel Grynczpan aus Verzweiflung dafür erschossen, dass seine Eltern mit zahlreichen in Polen geborenen

[69] Erhard Roy Wiehn (Hg.), Camp de Gurs – Zur Deportation der Juden aus Südwestdeutschland 1940. Konstanz 2010.

[70] Zwi Helmut Steinitz, Jüdisches Tagebuch – Ein Überlebender der Schoáh engagiert sich als Israeli in Deutschland, besucht seine Geburtsstadt Posen und das Massengrab seiner Familie in Bełżec. Konstanz 2010.

Juden aus Deutschland an die polnische Grenze "abgeschoben" worden waren.

Deportierten-Friedhof in Gurs (Foto: Josef Wicki/Basel)

"Im traurigen Monat November war's": Die "Reichsbilanz" des Novemberpogroms 1938: über 90 Ermordete, zahlreiche Tote in den Konzentrationslagern, über 30 Schwerverletzte und Selbstmorde, mehrere Fälle von Vergewaltigungen, zahllose Synagogen, Geschäfte und Wohnhäuser zerstört und geplündert, Zehntausende von Fensterscheiben zertrümmert. Die sogenannte "Sühneforderung" der deutschen Reichsregierung an die Juden belief sich auf 1 Milliarde Reichsmark. Seit der "Machtergreifung" der Nationalsozialisten am 30. Januar 1933 war bereits eine Repressalie auf die andere gefolgt, eine Demütigung um die andere erduldet worden, ein Höllenprogramm sich vor aller Augen steigernder Grausamkeiten, das im No-

vemberpogrom 1938 freilich nur vorläufig einen ersten schaurigen Höhepunkt erreichte, der sich als eine Art *point of no return* erwies.

"Im traurigen Monat November war's", um einmal mehr zu erinnern und nicht zu vergessen. Zweifellos brachte der Novemberpogrom von 1938 die bis dahin größten und schlimmsten antijüdischen Ausschreitungen auf deutschem (und österreichischem) Boden wie in Mitteleuropa überhaupt seit den Massakern des Mittelalters. Viele Deutsche waren daran beteiligt, so gut wie alle Deutschen waren Zeugen dieser Barbarei; denn sie geschah in ihrem Dorf, in ihrer Stadt, in ihrer Straße, in ihrem Haus, verübt von Deutschen an Deutschen, "nur" weil sie Juden waren. Und das bleibt wahrlich das Besondere: Jeder mit auch nur einer Spur von Verstand und Rechtsbewusstsein konnte sehen, dass himmelschreiendes Unrecht geschah, alle mussten wissen, dass dies durch absolut nichts zu rechtfertigen war, aber so gut wie niemand hat es laut gesagt oder gar hinausgeschrien. Es mag schon sein, dass eine gewisse Mehrheit des deutschen Volkes damals alles vielleicht nicht ganz so gewollt hat. Zweifellos gab es jedoch viel heimliche wie offene Schadenfreude, wenig erkennbare Anteilnahme oder gar tätige Betroffenheit und keinerlei öffentlich vernehmbaren Protest, auch von den Kirchen nicht. Deshalb war diese sogenannte "Reichkristallnacht" in der Tat eine Art "archimedische Nacht", in der Anstand und Menschlichkeit aus ihren christlichen Angeln gehoben wurde. Sie war im Sinne der nationalsozialistischen Machthaber ein gut gelungener Volkstest, geradezu ein Schlüsselereignis, wonach letzte Hemmschwellen abgebaut, die Tür zur folgenden Vernichtung erst richtig aufgestoßen werden konnte. Somit waren die Tore des Todes offen, die Schienen zur Schoáh bereit, das Feuer zum Holocaust gelegt.

"Im traurigen Monat November war's, Die Tage wurden trüber": Erstaunlicherweise fand das Schlüssel- bzw. Evidenzereignis des Novemberpogroms von 1938 in der ganzen Goldhagen-Debatte bis jetzt übrigens kaum Beachtung, obgleich es die Titelthese gewissermaßen von innen stützt. Über den Novemberpogrom und seine Folgend könnte man diesmal gerade in Österreich besonders nachdenken. Die Lehre der "Reichskristallnacht" haben nicht zuletzt die deutschen Kritiker

Israels bis heute nicht zur Kenntnis genommen. Für die jüdischen Opfer ist die Konsequenz jedoch ein für alle Mal ganz klar: Auch künftig wird keine irdische Macht Israel helfen, wenn tatsächlich Hilfe gebraucht wird. Wie immer wird daher das jüdische Volk unweigerlich aus eigener Kraft überleben müssen.[71]

Bus-Aufkleber in Jerusalem am 5. Juni 2017

---

[71] Michael Merón alias Wladimir Mautner, Wir müssen es alleine schaffen – Von Zagreb durch deutsche Kriegsgefangenschaft und Jugoslawien nach Israel 1915-1997. Konstanz 1997.

Anhang

Eine Hommage an Jerusalem[72]

(Briefumschlag 10 x 17,5 cm)

I.

3000 Jahre Jeruschalájim als *Ir David, Stadt Davids:* Das jüdische Jerusalem begeht 5756/1996 ein Jubiläumsjahr, das nach jüdischem Kalender bereits im September 1995 begann. *Die Stadt der Städte* begeht *Ein Jahr der Jahre*, wie man es so bald nicht wieder erleben wird.

Rom, Konstantinopel und sogar Moskau hielten oder halten sich noch für christliche Metropolen, Mekka wurde zur zentralen Pilgerstätte der Moslems, aber allein fromme (und weniger fromme) Juden aus aller Welt kamen nicht nur nach Jerusalem, um an den Resten der Tempelmauer zu beten, sondern auch, um sich gewissermaßen mit Blick auf den Tempelberg bestatten zu lassen. Anfang November 1869 besuchte sogar der preußische Kronprinz Friedrich Wilhelm Jerusalem "als erhabenste Stätte der ganzen Welt". Knapp 30 Jahre spä-

[72] In den hier gesammelten 33 Kolumnen wird *Jerusalem* relativ oft genannt, nämlich auf den Seiten: (13), 31-32, 44, 52-53, 63-67, 82, 94-98, 103-104, 107-108; diese Erwähnungen mögen durch den folgende Vortrag ergänzt werden, der am 23. Juni 1996 anlässlich einer Buchvorstellung in Wehr (Südbaden) verkürzt gehalten wurde. (28.03.2019)

ter fand Theodor Herzl im Spätherbst 1898, "daß Jerusalem prachtvoll daliegt. Es ist noch in seinem jetzigen Verfall eine schöne Stadt und kann, wenn wir herkommen, wieder eine der schönsten Städte der Welt werden." Herzls damalige Begegnung mit dem jungen deutschen Kaiser Wilhelm II. – von dessen Besuch nur ein Loch in der Suleimanschen Stadtmauer blieb – war zwar im Hinblick auf ein mögliches deutsches "Protektorat" über eine "Jüdische Heimstätte" im seinerzeit türkischen Palästina ein folgenschweres Desaster, doch über die Stadt der Städte schrieb der zionistische Realutopist: "Wenn ich künftig deiner gedenke, Jerusalem, wird es mit Vergnügen sein." 50 Jahre später wurde sein "Märchen" wahr.

Anno **1870** hatte Jerusalem 22.000 Einwohner, davon 11.000 Juden, 6.500 Moslems, 4.500 Christen; **1917:** 60.500 Einwohner, 32.000 Juden, 13.500 Moslems, 15.000 Christen; **1948:** 1'49.000 Einwohner, 84.000 Juden, 40.000 Moslems, 25.000 Christen; **1967:** 267.000 Einwohner, 197.000 Juden, 58.000 Moslems, 12.000 Christen; **1995** rund 580.000 Einwohner, 400.000 Juden, 150.000 Moslems, 30.000 Christen.[73] Im Jahre 1925 wurde auf dem *Har HaZofim,* dem Mount Scopus, die Hebräische Universität gegründet und 1967 vergrößert wiederbegründet. Seit 1948 ist Jerusalem die Hauptstadt des jüdischen Staates Israel. Wer die geteilte Stadt zu beiden Seiten des Niemandslandes samt der schmalen Pforte des *Mandelbaumtors*[74] in jenen Jahren je erlebte, konnte die unglaubliche Freude der Israelis und der Juden in aller Welt verstehen, als im Juni 1967 die trennenden Mauern fielen und die *Kótel,* sogenannte "Klagemauer" (Umschlag) auch für jüdische Beterinnen und Beter wieder zugänglich wurde, die nun freilich entschieden gedachten, für immer hierzubleiben.

II.

Mein allererster Israel-Reisebericht, meine erste Veröffentlichung überhaupt begann mit der Beschreibung eines Sonnenaufgangs in Je-

[73] **2019**: 919.407, 64% jüdisch, 34% muslimisch, 2% christlich; http://worldpopulationreview.com/world-cities/jerusalem-population/

[74] In der Zeit der geteilten Stadt Pass-Kontrollstelle (1958 durch spanische Beamte verwaltet) im Haus, das einer Familie Mandelbaum gehörte.

rusalem: "Jerusalem – Zu beiden Seiten des Niemandslandes" – lautete der Titel anno 1958/59 (als ich noch ziemlich jung war): "Wie ein blutroter See dehnt sich das Land im Frühnebel vom Ölberg zum Toten Meer hin. Schwarze Bergrücken durchbrechen seine Oberfläche. Eine Urlandschaft, grandios, überwältigend. – Auf einmal schießen einzelne Lichtbündel aus der Flut, und jetzt immer mehr. Sie entfachen eine Glut, orangefarben, gelb. Da! Die gleißende Scheibe gleitet aus der Dämmerung. Über Jerusalem ist die Sonne aufgegangen. – Der Halbmond, der Turm der zierlichen Ölberg-Moschee, erglühen. Die Schatten des Berges sinken zum Kidron-Tal, das Licht erreicht die Steine der Stadt. Klar und rein leuchten der Felsendom, die Türme und Kuppeln der Gotteshäuser, das gezackte Band der Stadtmauer, das ganze Gefüge der Altstadt. Und weiter im Hintergrund enthüllen sich die wuchtigen Gebäude der Neustadt aus dem Dunst. – Eine Stadt wie aus Marmor, glänzend, blendend, das ist Jerusalem. Und jenes Gleichnis erhellt sich, wenn auch nur durch einen Anflug, einen Schimmer, das Bild vom 'Himmlischen Jerusalem'."

Blick von der Hebrew University auf Jerusalem

"Nein, nach außen zeigt die Zionsstadt ihre Geschichte nicht. Stolz ist sie noch immer. Zäh und eigensinnig hat sie sich nach jedem Schlag erhoben, den Staub abgeschüttelt, die Bedränger zu Boden geworfen. Viermal wurde die Stadt in Schutt und Asche gelegt, nicht weniger als neunzehnmal hat sie die Beherrscher gewechselt. Und sie ist Zankapfel geblieben bis in diese Tage. Rollt doch noch dunkel der Kanonendonner vom Jahre 1948, da man erbittert um jeden Fußbreit Erde gekämpft hat. Das heutige Jerusalem", so 1958, "ist geteilt: Die Altstadt, fast alle bedeutenden Heiligtümer umfassend, steht unter jordanischer Kontrolle; über der Neustadt wehen die blauweißen Flaggen mit dem Davidstern. Aber beide Gebiete sind schmerzlicher auseinandergerissen als durch den zerschossenen Streifen des Niemandslandes. Prächtig, glänzend ist Jerusalem nach außen: Hinter den Mauern aber zeigt sich ein anderes Gesicht, die ganze, harte Wirklichkeit. – Wer redet da vom orientalischen Color des Straßenbildes? Wie geängstigt drängen sich die Häuser aneinander, übertürmen sich, lassen die Gassen schmal werden, unübersichtlich und dunkel und beklemmend. Unbestimmter, aufdringlicher Geruch, der bei den Schlächtereien des Basars deutlich wird, lastet über dem Stein... Abgerissene Gestalten kauern im Schmutz. Knöcherne Arme strecken sich aus den Lumpen: 'Bakschisch, Mister, Bakschisch!' Die Geldwechsler und Händler schreien, gestikulieren, rotznasige Kinder zanken sich um eine Münze.

Durch das *Mandelbaumtor* in den israelischen Sektor, in die Neustadt gelangt, erblickt man eine europäische Stadt mit ihrer Ordnung, Überschaubarkeit und Sauberkeit. Moderne repräsentative Gebäude aus dem hellen Jerusalemer Stein ragen in das Blau des Himmels. Unweit der Stadt, inmitten des steinigen Landes, erwächst in kühnem Entwurf die neue Hebräische Universität, die eine der größten und modernsten der Welt werden will, die Gesamtanlage ein vorbildliches Beispiel moderner Städteplanung. Doch im Grunde bleibt alles zugleich eine merkwürdig traumhafte Erscheinung. Genauso rätselhaft wie das Wiedererstehen des Staates Israel selbst, wie die Heimkehr der Juden nach fast 2000-jährigem Exil, wie die Wiedergeburt der alten hebräischen Sprache, woraus sich eine weitere Besonderheit ergibt: Die Eltern lernen durch die Kinder die Sprache ihrer Väter!

Dizengoff Circle (vor dem Umbau) mit weißem Cinema Hotel

Jerusalem war und ist die heilige Stadt der Juden, das Zion ihrer Verheißung, religiöser und geistiger Mittelpunkt des Volkes. Alle drei großen monotheistischen Religionen siedeln am Berge Moriah, wo Abraham, ihr aller Vater, das Opfer seines Sohnes Isaak vorbereitet hatte. Und der Gedanke drängt sich auf, Jerusalem sollte wie keine andere Stadt eine Wohnung des Friedens sein. Doch weit davon entfernt, ist es heute noch Symbol der Zwietracht. Aber bestehen bleibt das zarte, metaphorische Band der Verheißung, das den Namen des 'Himmlischen Jerusalem' mit der Stadt zu beiden Seiten des Niemandslandes verbindet. – 'Vergesse ich dein, Jerusalem', sagt der Psalmist, 'so werde meiner Rechten vergessen!'" (Psalm 137,5)

III.

Seit 1958 war ich oft in Jerusalem. Einmal kamen wir nachts in die Stadt; wir wohnten auf dem Ölberg, ließen die Verandatür offen, hörten die Lautsprecherstimme des Muezzin, hörten sogar Esel und die ersten Hähne in der Heiligen Stadt. Wir haben unbedingt wachbleiben wollen, aber Müdigkeit und eine frühe, frische Morgenluft ließen uns augenblicklich in einen tiefen, traumlosen Schlaf fallen. – Eine frühere nächtliche Ankunft in Jerusalem: "Im vollen Mondschein kamen wir in Jerusalem an", so Theodor Herzl im Herbst 1898: "Trotz der Mattigkeit machte mir Jerusalem im Mondstaub mit seinen großartigen Umrissen doch einen mächtigen Eindruck. Prachtvoll die Silhouette der Feste Zion, der Davidsburg." (Th. Herzl, 1923, S. 208-211)[75]

Turm der Hebrew University

Nach etwa fünf Stunden Schlaf werden wir mühsam munter. In der offenen Tür die Sonne unseres ersten Jerusalemer Morgens. Natürlich eilten wir sofort auf die Veranda, sind für einen Augenblick geblendet von der Helligkeit dieses besonderen Lichts, sehen dann in nächster Nachbarschaft das Haus unserer Freunde, sehen ganz nahe dahinter,

[75] Dazu: Erhard Roy Wiehn, Theodor Herzl – Eine Hommage. Konstanz 2018.

jenseits des Kidron-Tals, die weißgelbe alte Stadtmauer mit dem vermauerten Goldenen Tor, dahinter den biblischen Tempelplatz, den Felsendom mit seinen bunten Kacheln und der goldenen Kuppel, sehen links daneben die El-Aqsa-Moschee, dahinter das alte neue jüdische Viertel, ein kleiner Stadtteil übereinandergetürmter Häuser auf dem Berg, charakteristisch durch die vielgestaltigen Rundbogen der Fenster, sehen von links bis rechts Jerusalem aus weißgelbem Stein, ganz rechts den Ausläufer des Kidron-Tals, ein arabisches Viertel in gelockerter Bauweise mit zwei- und dreistöckigen Häusern, dazwischen viel Grün, sehen noch weiter rechts den Scopus-Berg mit den burgartig zusammenhängenden Gebäuden der neuen Universität, überragt von einem hohen hellen Turm wie ein Leuchtturm.

Kótel-Mauergrün

Als erstes habe ich stets die *Kótel* besucht, die sogenannte *"Klagemauer"*, die Westmauer des Tempelbergs, die eine einzigartige Faszination ausübt. Diese Mauer wirkt aus einiger Entfernung zunächst wie eine breite und sehr hohe Wand, deren riesige, unregelmäßige weißgelbe Steinquader auch von weitem erkennbar sind und ebenso zahlreiche große und kleine dunkelgrüne Gewächse, die zwischen den

Steinen herauswachsen und in üppigen Büschen herabhängen. In gebührender Entfernung von der Mauer ist eine Art Brüstung aus kunstvollen Ketten und Steinen, zwischen Brüstung und Mauer dann der eigentliche Betraum, ungefähr in der Mitte geteilt in eine Frauen- und eine Männerseite. Während die wuchtige Mauer, die umso höher erscheint, je näher man ihr kommt, von oben her eine sehr helle Färbung aufweist, ist sie von Kopfhöhe bis zum Boden nachgedunkelt von Tausenden und Abertausenden von Händen, von Stirnen und wohl auch von Lippen, die sie seit Jahrhunderten und bis heute täglich berühren. Die Ritzen zwischen den Steinquadern sind bis in greifbare Höhe über und über vollgesteckt mit kleinen weißen Zettelchen, auf denen die Menschen ihre Anliegen aufgeschrieben haben, auf dass sie an diesem Ort erhört werden möchten.

Beter an der Kótel

"Wir waren bei der Klagemauer", schrieb Theodor Herzl am 31. Oktober 1898 in Jerusalem: "Eine tiefere Bewegung will nicht aufkommen, weil sich an diesem Orte ein hässlicher, elender, spekulativer Bettel breitmacht. So war es wenigstens gestern in den Abend- und heute in den Morgenstunden, als wir dort waren. – – – Gestern abend besuchten wir den Davidsturm. Beim Eingang sagte ich zu meinen Freunden: 'Es wäre ein guter Einfall des Sultans, wenn er mich hier gefangennehmen ließe.' – Ergreifend die Aussicht von den verfallenden Zinnen auf die in Abenddünsten verdämmernde Stadt. ... Ich bin ganz fest überzeugt, daß sich außerhalb der Stadtmauern ein prachtvolles Neu-Jerusalem errichten ließe. Das alte Jerusalem wäre und bliebe Lourdes und Mekka und Jeruscholájim. Eine sehr hübsche, elegante Stadt wäre daneben ganz möglich." (Th. Herzl 1923, S. 214 f.)

IV.

Das neue jüdische Viertel ist von einer einzigartigen Architektonik und Atmosphäre, einer Stimmung, die zu verschiedenen Tageszeiten je nach Stand der Sonne und nach dem Einfall des Lichtes ganz verschieden sein kann, eines Lichtes, das auf die weiß-gelben Mauern fällt, gedämpft die schmalen Gassen füllt, das Relief der Wände bisweilen scharf hervortreten oder auch milde verschwimmen lässt. Die engen Gassen, die zahlreichen Treppen und die vielen kleinen Bogengänge sind auffallend reinlich, der große und doch intim wirkende Platz auf dem oberen Niveau des Viertels, umbaut von dreistöckigen Wohngebäuden und ringsum mit jungen Bäumen bepflanzt, ist geruhsam belebt, ein Fußgängerbereich, in dem kein Auto zu sehen ist und jede Art von Hektik verbannt zu sein scheint. Kunstvolle Hauslampen und Fenstergitter, kleine bepflanzte Dachterrassen , begrünte Balkone und Gefühl des Geborgenseins in einem Gehäuse von Maß und Menschlichkeit.

Inmitten des aus Ruinen neu erstandenen jüdischen Viertels ist die alte große Hurva-Synagoge noch nicht wieder erbaut,[76] nur einer der großen Gewölbebogen ist rekonstruiert und spannt sich vital in den

[76] Am 15. März 2010 wiedereröffnet.

blauen Himmel, ein gewaltiges Bogenfenster, durch welches man ein altes graziles Minarett mit aufgesetztem Halbmond erblickt.

Wiedererbaute Hurva-Synagoge

Irgendwo in diesem neuen jüdischen Viertel bemerken wir eine schwarze Tafel mit weißer Inschrift, ein Memorial für die Gefallenen des jüdischen Viertels im Unabhängigkeitskrieg: "Während des Unabhängigkeitskrieges im Jahre 1948 dauerten die Kämpfe im jüdischen Viertel fünf Monate lang, nämlich vom Dezember 1947 bis Mai 1948... Am Sonntag, dem 16. Mai 1948, zwei Tage nach der Proklamation des Staates Israel überfielen die Araber das Viertel, – vier Tage später durch die Arabische Legion verstärkt –, dessen 1600 Bewohner von nur 200 Kämpfern verteidigt wurden. Am Freitag, dem 28. Mai 1948, ergab sich das jüdische Quartier der Arabischen Legion, 67 jüdische Kämpfer und Zivilisten waren gefallen... Am 3. August 1967 wurden ihre Gebeine auf den Friedhof am Ölberg überführt zur ewigen Ruhe."

Memorial von Bernard Fink für die jüdischen Soldaten u. Partisanen im Zweiten Weltkrieg, Yad Vashem 1985

Mitten in der Neustadt kann man heute noch die kleine "Davidka" an einem eigens für sie errichteten Denkmal besichtigen, den Typ von Mörser nämlich, womit Jerusalem im Unabhängigkeit krieg 1948 verteidigt wurde, eine lächerliche Waffe, so etwas wie die damals mögliche Schleuder des David, mit der gleichwohl abermals ein Riese besiegt werden konnte.

V.

Ein schmales Viertel neben dem Tempelberg mit der Gihon-Quelle war die Urzelle Jerusalems. Vor 3000 Jahren hatte König David Jerusalem von den Jebusitern erobert und seine Stadt, die Davidstadt, begründet. Jerusalem wurde Hauptstadt des Königreiches Israel mit Sitz aller religiösen und weltlichen Institutionen. Davids Sohn Schlomo vollendete das Werk seines Vaters mit dem Bau des ersten Tempels auf dem denkwürdigen Berg Moria, wo Avraham das Opfer seines Sohnes Jizchak vorbereitet hatte. Die "Urzelle" Jerusalems, die *Ir David* am Tempelberg, wurde in den letzten Jahrzehnten erstmals wieder mit den Händen begreifbar.

Durch eine Art Schacht kann man heute gleichsam in das uralte Innere Jerusalems hinuntersteigen. Hier ist man umgeben vom Hauch der Jahrtausende und nicht auf dem Boden, sondern gewissermaßen im Bauch der Geschichte. Wieder einmal muss man sich daran erinnern, dass auch alle diese erstaunlichen Ausgrabungen nicht selbstverständlich sind, dass es auch überhaupt nicht selbstverständlich ist, dass wir und auch wir persönlich dies heute besichtigen können. Noch im Jahre 1948 und vielleicht sogar noch im Mai 1967 war es wohl eher unwahrscheinlich, dass dies alles möglich würde. Allein diese Ausgrabungen der letzten 20 Jahre nach Ende des Sechs-Tage-Krieges sind eine beachtliche Teilleistung im Rahmen des gesamten Wiederaufbaus. Die Ausgrabungen damaliger Wohnanlagen stammen aus der Zeit um 2000 bis 1500 vor unserer Zeitrechnung, man kennt sogar die Namen einzelner Bewohner. Man muss sich immer wieder das Nicht-Selbstverständliche dieser Entwicklung bewusst machen.

Ausgrabungen des im Jahre 70 von den Römern zerstörten Jerusalem 1972 – inzwischen überbaut, begehbar und unbedingt sehenswert.

Aus dem Brunnenschacht ans Tageslicht zurückgekehrt, führt uns der Weg nun weiter hinauf auf den Tempelberg, und nach wenigen Minuten sind wir einmal mehr auf dem großen Platz vor der alten Tempelmauer angelangt. Immer wieder unbeschreiblich, welcher Eindruck von diesen gewaltigen Steinquadern ausgeht oder vielmehr von dem, wofür sie stehen und was sie symbolisieren. Auf dem offenen weiten Platz vor der Mauer sind zu dieser Stunde wenige Menschen zu sehen, während der Fuß der Mauer dicht gesäumt ist, eben dort, wo man ihr und der Geschichte mit Kopf und Händen ganz nahe sein kann.

VI.

Im *Tagebuch meiner Reise nach dem Morgenland 1869*, dem *Bericht des preußischen Kronprinzen Friedrich Wilhelm über seine Reise zur Einweihung des Suez-Kanals* steht am 17. November 1869 seine Eintragung "JERUSALEM, DEN 4TEN BIS 9TEN NOVEMBER 1869 – Wenn ich von dieser erhabensten Stätte der ganzen Welt aus versuchen wollte es auszudrücken, wie bewegt mein Herz bei dem Gedanken ist, in Jerusalem zu sein, würde ich zu viel unternehmen. Man muss selbst hier gewesen sein, selbst zunächst die große Enttäuschung durchgemacht haben, die der erste Anblick und der Eintritt in die Stadt hervorrufen, und selbst endlich den tiefen inneren Frieden gewonnen haben, nachdem ruhige Anschauung und Betrachtung die Oberhand erlangten, um das zu begreifen.

Die reichste Entschädigung aber bietet die Besteigung des Oelbergs, nachdem man das ausgetrocknete Flußbett des Kidronbaches überschritten, auch das Josaphat-Thal beschaut hat. Ich erreichte des Oelbergs Gipfel kurz vor Sonnenuntergang, und hatte meinen Standpunkt so genommen, daß die ganze Ausdehnung der Stadt Jerusalem, der allmäligen Senkung nach dem Kidron folgend, sich vor mir entrollte, während auf der entgegengesetzten Seite, die ganz eigenthümlich schön geformten Felswände des Todten Meeres, mit dem Wasserspiegel desselben, und einem Theil des Jordanthales in lieblicher Großartigkeit zu überblicken waren. Die Strahlen der untergehenden Sonne beleuchteten mit goldigem Roth die Stadt und die um Jerusalem liegenden kahlen, grauen und öden Berge, so daß dadurch plötzlich Leben und Wärme in jene Landschaft gekommen zu sein schien. Zugleich nahmen auch die Felswände des Todten Meeres, die mich lebhaft an Loch Muich in Schottland erinnerten, jenen Abendsonnenschimmer an, der dem Gebirge stets einen so besonderen Zauber verleiht, und mit jeder Minute schimmerten die Fluthen in hellerem Licht! Jetzt erst konnte ich mir eine leise Vorstellung von der Schönheit machen, mit welcher die Schrift stets den Namen der 'heiligen und herrlichen' Stadt im Zusammenhang bringt...– Diesen ersten Abend in Jerusalem, an welchem ich vom Oelberg aus den Sonnenuntergang betrachtete, indem gleichzeitig jene großartige Stille in der Natur eintrat, die schon an jedem anderen Orte etwas Feierliches hat, werde ich mein Lebenlang nicht vergessen. Hier konnte das Gemüth sich von der Erde abwenden..." (H. Rothfels 1971, S. 38, 41, 42).

Fast genau 29 Jahre später vermerkte Theodor Herzl am 2. November 1898 in Jerusalem unter anderem: "Nachmittags waren wir auf dem Ölberg. – Große Augenblicke. Was ließe sich aus dieser Landschaft machen. Eine Stadt wie Rom, und der Ölberg böte eine Aussicht wie der Gianicolo. – Die alte Stadt mit ihren Reliquien würde ich einkapseln, allen Tagesverkehr hinausziehen, nur Gotteshäuser und Wohltätigkeitsanstalten sollten innerhalb der alten Mauer verbleiben. Und auf den Hügellehnen rings in weitem Kreise, die sich unter unserer Arbeit begrünen würden, käme ein herrliches Neu-Jerusalem zu liegen. Den Weg nach dem Ölberg würden die Elegantesten aller Weltteile befahren. Durch Pflege ist ein Juwel aus Jerusalem zu machen. Alles Heilige in die alten Mauern einschließen, alles Neue rings umher ausbreiten. – Wir stiegen auf den russischen Turm, ich nur bis zur ersten Galerie, weil ich schwindelig wurde; die anderen Herren ganz hinauf. Unvergleichliche Aussicht auf das Jordantal mit seinen Berglehnen, das Tote Meer, das Gebirge Moab, die ewige Stadt Jerusalem. – Man müßte Zeit und freien Kopf haben, um alle diese Eindrücke auszuarbeiten." (Th. Herzl 1923, S. 221)

Traum und Wirklichkeit, Utopie und Realität, das irdische und das himmlische Jerusalem liegen hier ganz dicht beieinander und können sich bisweilen sogar überlagern. Was hätte Theodor Herzl zum heutigen Jerusalem gesagt? Wie hätte er das heute vormittag sehr stille, beschauliche, neue alte jüdische Viertel gefunden?

VII.

Hatten wir uns nicht vorgenommen, möglichst nichts versäumen zu wollen? An einem Jerusalemer Morgen mussten wir daher unbedingt bereits um 5 Uhr aufstehen, um den Sonnenaufgang über der Heiligen Stadt zu sehen. Noch etwas schläfrig und leicht fröstelnd stehen wir auf der Terrasse unserer Unterkunft und fragen uns, ob wir vielleicht nicht besser noch ein wenig weitergeschlummert hätten. Wir sind einfach zu früh, aber die Neugierde ist stark. Um 5 Uhr Ortszeit ist es dunkel-dämmrig, und sogar einige Sterne sind noch zu sehen. Bemerkenswert ist vorerst nur die Geräuschkulisse, die fernen Fahrgeräusche der ersten Morgen-Busse, vereinzeltes Vogelgezwitscher, das erbärmliche Gebrüll der Esel und die ständig wiederholten Morgenrufe der Hähne. Die Stadt aus dem hellen Jerusalemer Stein wirkt zunächst noch fahl, aber die Dämmerung kommt überraschend schnell. Die Sonne ist nicht zu sehen, aber das erste Licht: Licht und Sonne kommen von Osten, sind jetzt wohl schon von der benachbarten Hügelkuppe in der Senke des Toten Meeres zu sehen. Denn das Licht breitet sich bereits über die Kuppe, wird heller und heller, lässt auch die Stadt heller und heller werden, bis nach sehr kurzer Zeit die höchsten Gebäude der Stadt, Türme und bald auch die Kuppel des Felsendomes in den ersten Strahlen aufzuleuchten beginnen. Jerusalem in Gold! Der Frühstart hat sich gelohnt.

Dann geht's zum großen Obst- und Gemüsemarkt. Viele dieser Läden stammen aus der Zeit zwischen 1860 und 1880; in all diesen Häusern waren früher unten die Läden und oben die Wohnungen, jetzt dienen viele von ihnen als Werkstätten und Lagerhäuser. Drüben steht das monumentale Hilton-Hotel, ein Stück des neuen Jerusalem, das man ebenso wie andere Hochhäuser schön finden kann oder nicht. – Einmalig *Mea Schearím!* Menschen in der typischen jüdisch-osteuropäischen Tracht, die sich in vielen Variationen zeigt. Mit seinen Gassen, Höfen und Gärten wirkt dieses 1875 gegründete Viertel der *"100 Tore"* immer wieder besonders geheimnisvoll.

VIII.

Etwa vier Wochen nach dem Ende des Sechs-Tage-Krieges im Sommer 1967 habe ich an der alten Hebräischen Universität auf dem Har HaZofim, dem Mt. Scopus, gearbeitet, Aufräumungsarbeiten gemacht, nachdem diese Enklave gerade von israelischen Fallschirmjägern befreit worden war. Der alte Har HaZofím ist mittlerweile beinahe gigantisch überbaut mit einer riesigen, ineinander verschachtelten Anlage von Gebäuden und Plätzen, deren Architektur und Begrünung durchaus stark beeindrucken. Der Blick von hier oben auf die Altstadt ist am späten Nachmittag besonders empfehlenswert, dann sind Tempelberg und Felsendom von rechts beleuchtet, die Kirche des Zionsberges sowie andere markante Gebäude besonders plastisch zu sehen.

Am östlichen Abhang des Har HaZofím findet man das alte Rothberg-Amphitheater, in dem 1925 die Gründungsfeierlichkeiten der Hebräischen Universität stattgefunden hatten. Von dort bietet sich ein einzigartiger Blick in die Senke des Toten Meeres, und für eine Weile überlassen wir uns einfach der Faszination dieses großartigen Wüstenpanoramas, einer phantastischen Mondlandschaft auf Erden: Sand und Gestein, bizarre Bergformationen und sanfte Hügelwellen in Farben von weiß über gelb, hellbraun, dunkelbraun bis schwarz, dazwischen grünliche und gelbliche Gewächse. Eine Urlandschaft, die wir ursprünglicher bisher nur von Mitzpe Schalem am Toten Meer oder vom Sinai kennen, verschmilzt in dunstigen Fernen über einem bräunlichgelben Horizontstreifen mit dem lichten Blau des Himmels. Ein unglaublich krasser und zugleich doch harmonischer Kontrast von Natur und Kultur, wenn man diese Landschaft durch den klassischen Säulenrahmen des hebräischen Amphitheaters betrachtet. Ein surrealistisches Bild fürwahr, das die Betrachter verzaubert und lange nicht loslassen will.

Rothberg-Amphitheater der Hebrew University zu Jjerusalem

IX.

Am frühen Nachmittag nehme ich mir Zeit zu einem kleinen Bummel durch die Jerusalemer Altstadt, die man eigentlich bei keinem Israel-Besuch auslassen darf. Neben dem Jaffa-Tor erinnert das schon erwähnte unübersehbare Loch an den Besuch Kaiser Wilhelms II. in Jerusalem, die berühmte Bresche in der Suleimanschen Stadtmauer, welche der damalige, für die Stadt zuständige türkische Sultan für den kaiserlich-königlichen Einritt schlagen ließ. Rund 87 Jahre später schrieb F.A.Z.-Korrespondent Bernhard Heimrich anlässlich der bevorstehenden Israel-Reise des deutschen Bundespräsidenten Richard von Weizsäcker 1985 unter anderem von der "geradezu festliche(n) Bedeutung..., die zumindest israelische Diplomaten dem Ereignis beimessen, das zwanzig Jahre diplomatischer Beziehungen krönt und eine Kette von Regierungs-Besuchen, deren erster die Reise Bundeskanzler Adenauers 1966 gewesen war. 'Bedenken Sie nur, es ist der erste Besuch eines deutschen Staatsoberhaupts seit Kaiser Wilhelm' (1898), sagte ein hochgestellter Angehöriger des hiesigen Außenministeriums historisch etwas verquer an einem der Vorabende." (B. Heimrich, F.A.Z., 07.10.1985, S. 1) Es ist ein Vergnügen, sich gewissermaßen durch "die Lücke des Kaisers" wieder einmal in den bunten Bazar, den geruchreichen Schuck einzutauchen, der zur Stunde kaum überfüllt, eher menschenleer wirkt.

Hier gleich um die Ecke Richtung Jaffa-Tor habe ich übrigens 1967 gleich nach Ende des Sechs-Tage-Krieges gesehen, wie man die Trennungsmauern niedergerissen und weggebaggert hat; hier war ja die Neustadt von der Altstadt seit 1948 abgemauert!

Ich verlasse die Altstadt durch das Damaskustor und gehe einige Schritte in das arabische Ost-Jerusalem: Erinnerungen auch daran, dass gegenüber der École Biblique vier Wochen nach dem Ende des Sechs-Tage-Krieges 1967 noch improvisierte Gedenksteine für dort gefallene israelische Fallschirmjäger zu sehen waren. Ein Regierungssprecher beklagte damals die hohen Verluste bei der Einnahme der Altstadt, die auch entstanden, weil christliche Heiligtümer geschont werden sollten: "Was haben wir von unserem Bruder Jesus gehabt?", meinte er nachdenklich: "2000 Jahre nichts als Zores!"

Anno 1869 muss hier auch der preußische Kronprinz Friedrich Wilhelm vorbeigekommen sein, denn er vermerkte damals in seinem Tagebuch gewisse ortsbezogene Beobachtungen, die in einer Veröffentlichung aus dem Jahre 1900 freilich teilweise (...) fehlen: "/Die Stadt ist schmutzig und dumpfig; ganze Straßen sind überwölbt und völlig dunkel, mit einem Pflaster aus großen nach der Mitte sich senkenden Feldsteinen bestehend, auf denen das Pferd bei jedem Tritt gleitet, so dass man ständig Bergauf und Bergab wandelt, jegliche Art von Vorwärtsbewegung zur Unerträglichkeit wird./ (In der Ausgabe v. Poschingers 1900 ausgelassen.) – ... – Dichte Staubmassen wirbeln vor den Füßen der zahlreichen uns nachlaufenden Einwohnerschaft in die Höfe, als /angenehme/ Zugabe zu der glühenden Mittagshitze, während der Weg bergab geht, und ich dadurch nun wieder keine Stadt, sondern nur Mauerwerk zu sehen bekomme; so geht's denn endlich links nach dem Damascusthor ab, in die Gegend wo Gottfried von Bouillon den siegreichen Sturm unternahm, und durch welches bisher kein christlicher Fürst einziehen durfte, /weil der muhamedanische Aberglaube wähnte, daß in solchem Fall der Betreffende die Muselmänner hinaustreiben würde!/ ..." (H. Rothfels 1971, S. 41, 45 f., 42f.)

X.

Der Schafsmarkt mag heute noch ungefähr so vonstatten gehen wie vor 100 Jahren. Und dieser sandige Marktplatz ist gegen 8 Uhr längst angefüllt von Tieren und Menschen, Araber in ihrer typischen Tracht, dem langen Rock mit Überhang und Kefije (Kopftuch), beobachtet von wahren Touristenscharen mit gezückten Kameras. Und dann sind da die Tiere: Schafe, Ziegen und Esel, in allen Größen, Farben, Rassen. Wunderschöne, gepflegte Tiere, einzeln und in Gruppen, Muttertiere mit Jungen. Eine Augenweide für alle Freunde orientalischen Lebens: Man kann sich gar nicht sattsehen an all den schönen Tieren, würde sich gerne unter die Marktleute mischen, um vielleicht einmal kurz über die glänzenden, seidig schimmernden Felle zu streichen oder in die unglaublich dicken Wollvliese zu fassen.

Tatsächlich scheint auf diesem Platz ein reger Handel im Gange zu sein, die Menschen stehen in kleinen Gruppen zusammen und reden heftig aufeinander ein, besichtigen die Tiere, reißen einem Esel das Maul auf, um das Gebiss zu prüfen, heben die Hufe hoch und begutachten die Flanken, zücken ein Bündel Geldscheine, halten sie dem Verkäufer hin und stecken sie sofort wieder ein, handeln, gestikulieren, zögern, schlagen ein. Handel und Wandel wie "im alten Orient" sozusagen. Dazwischen malerische Wasserverkäufer, wie man sie von alten Fotografien oder Gemälden her kennt, auch Zigaretten- und Obstverkäufer. Kleine Jungen, die ganz krumm schwere Eimer geschickt zwischen den Erwachsenen hindurchbalancieren, Eimer voller Eis und Cola-Dosen, die sie immer wieder ebenso rührend wie offensichtlich meist erfolglos anpreisen. Ab und zu auch erbarmungswürdige Gestalten, die ihre Hand demütig bittend nach einem Bakschisch ausstrecken, es darf auch eine Zigarette sein. Auf der angrenzenden Hauptstraße regeln israelische Polizisten zu Fuß und zu Pferd den Verkehr; denn bisweilen werden ganze Scharen von Schafen über die Straße getrieben, sei es, dass sie erst zum Verkauf kommen sollen, sei es, dass sie bereits einen Käufer gefunden haben. Alles in allem ein buntes Bild, das uns eine ganze Weile nicht loslässt. Ganz besonders gefesselt sind wir vom Anblick einiger sehr stolz erscheinender langhaariger Schafe, die ganz geduldig in der Sonne warten, welche nun immer heißer brennt.

XI.

Wir besichtigen das Israel-Museum. Kontraste, Kontraste! Es ist klar, dass wir nicht die Zeit haben, alle Ausstellungsräume zu sehen; so wählen wir aus, bestaunen die einzigartige Sammlung jüdischer Kultgegenstände, stehen bewundernd vor den Vitrinen, in denen wie in Schaufenstern die unterschiedlichsten Trachten aus verschiedenen Jahrhunderten und Regionen in der jeweils entsprechenden Alltagsumgebung ausgestellt sind, wobei die kunstvoll gearbeiteten Textilien und der Schmuck besonders faszinieren.

Dann gehen wir zum *Schrein des Buches*, der schon durch seine außergewöhnliche Architektur beeindruckt. Die schneeweiße Kuppel mit den von oben bis unten umlaufenden Querrillen, – dem Deckel antiker Tonvasen nachgebildet, in denen die hier ausgestellten Schriftrollen von Qumran gefunden wurden –, gleißt in der Sonne und bildet einen vollkommenen Kontrast zu dem mächtigen, schwarzglänzenden Marmorquader von monumentaler Größe. Symbol für Licht und Finsternis, für das Gute und Böse. – Wir gehen zum Eingang des Gebäudes hinab, gelangen durch einen höhlenartigen Gang in einen weiten, kuppelartigen Rundbau, in dem in Vitrinen sanft beleuchtet, die berühmten Schriftrollen (bzw. deren Kopien) ausgestellt sind. Die Vitrine in der Mitte des kreisrunden Innenraumes trägt oben einen riesigen Griff wie eine Thorarolle. Ein faszinierender Anblick und ein außerordentliches architektonisches Erlebnis zugleich.

Schrein des Buches

Aus der wohltuenden Kühle und der milden Beleuchtung des *Schreins* wieder ins grelle Tageslicht hinaufgestiegen, schlendern wir in der sommerlichen Morgenhitze durch den weitläufigen Billy-Rose-Kunstgarten, sehen Plastiken israelischer und internationaler Bildhauer, verweilen verschiedentlich, um das Spiel der Schatten auf den Kunstwerken zu genießen, umkreisen auch die eine oder andere Skulptur und lassen uns von der einzigartigen Atmosphäre dieser so harmonischen Gesamtkomposition von Landschaft und Kunst gefangen nehmen.

Anschließend gehen wir hinüber zum Gebäude der Knesset, des israelischen Parlamentes, vor allem um die berühmte Riesen-Menorah des ehemaligen Frankfurters Benno Elkan zu besichtigen (Foto S. 103), wobei es uns durchaus gelingt, einige Motive aus der jüdischen Geschichte zu entziffern, mit denen dieses Bronzewerk von unten bis oben geschmückt ist. Das Knesset-Gebäude selbst ist leider geschlossen, sodass wir auf die Werke unseres geliebten Chagall diesmal leider verzichten müssen.

Unsere nächste und letzte Station dieser Vormittagstour ist der Herzl-Berg, wo wir auf dem Ehrenfriedhof vor dem freistehenden schwarzen Sarkophag Theodor Herzls eine Zeitlang verweilen.

Bereits 1958 war ich auf dem Zionsberg, damals war die Kirche zerstört, die Grenze zum arabischen Teil Jerusalems verlief unmittelbar in der Nähe des Klosters. Jedenfalls konnte man von oben aus sehr gut die Stacheldrahtverhaue, den Streifen Niemandsland, die Betonblenden und die Sandsack-Stellungen der jordanischen Truppen sehen. Am Abhang des Zionsbergs Richtung Jaffa-Tor und zur Neustadt hin wehten 'israelische Flaggen, daran kann ich mich genau erinnern. In dieser Gegend sieht man noch das eine oder andere zerschossene Haus aus der Zeit des Unabhängigkeitskrieges von 1948. Wie schön sind übrigens die vielen Blumenanlagen, wie schön ist das viele Grün im heutigen Jerusalem!

XII.

Am Zionsberg stehen wir diesmal vor einem hellen Gedenkstein mit einer Inschrift in Hebräisch, Jiddisch, Französisch und Englisch: "Möge Gott, das jüdische Volk und die ganze Menschheit im Gedächtnis behalten unsere heiligen Märtyrer, die gemartert und ermordet wurden durch die Deutschen während des Nazi-Regimes in Bergen-Belsen und in allen anderen Konzentrationslagern." Datiert am Tag der Befreiung, 15. April 1945, gestiftet von der Weltföderation der Überlebenden von Bergen-Belsen.

Schoáh-Memorial von Nandor Glid in Yad Vashem

In Yad Vashem wird die schwarze Vergangenheit ganz lebendig. Großartig und monumental, schon aus der Ferne, das neue Denkmal zum 40. Jahrestag des Endes des Zweiten Weltkrieges, des Endes der Leiden des jüdischen Volkes unter den Deutschen. Das Dokumentationszentrum ist beinahe überfüllt, und die Gedenkstätte, die man zum Beispiel von den Besuchen deutscher Staatsmänner kennt, verliert auch angesichts so vieler Besucher ihre besinnliche Atmosphäre nicht. Ein stiller Ort, der durch Schlichtheit und Ruhe betroffen macht, Erinnerungen aufkommen lässt wie brennende Feuer und Tränen. Draußen das Korczak-Denkmal, dessen Pendant wir in Warschau sahen. Besonders eindrucksvoll heute das *Tal der zerstörten Gemeinden* sowie das Mahnmal für die 1½ Millionen ermordeter jüdischer Kinder:

Der ebenso bizarre wie schlichte Steingarten der Ermordeten von Treblinka war diesbezüglich das Bewegendste, das ich bis 1983 gesehen hatte. Unvergleichbar, aber in seiner Art vielleicht noch stärker, ist das neuere Memorial für die eineinhalb Millionen unter deutscher Herrschaft ums Leben gebrachten jüdischen Kinder in Yad Vashem, der nationalen Gedenkstätte Israels in Jerusalem. Man erkennt es leicht und schon aus einer gewissen Entfernung an den zwanzig unterschiedlich großen, abgebrochenen weißen Steinsäulen – zerbrochenen Kindheiten und Jugendzeiten gleich – am Berg nahe des zentralen Eingangsbereichs; das Memorial selbst ist darunter in den Berg gebaut. Zwischen hellen Steinmauern wird man im blendenden Jerusalemer Licht zum Eingang geleitet; nach dem Eintritt in das als höhlenartig ahnbare Innere scheint einen sofort fast völlige Dunkelheit zu umfangen, und es ist wie ein reales zeitgemäßes *Höhlengleichnis*.

Soldatinnen der Israelischen Armee am Eingang zur Kindergedenkstätte von Moshe Safdie in Yad Vashem

Man greift unwillkürlich zum Leitgeländer, wartet einen Augenblick, und sobald sich die Augen an die völlig unerwartete Situation gewöhnt haben, findet man sich wie in einem Himmel oder Meer von kleinen Lichtern: eine oder auch mehrere Kerzen vielfach in der Dunkelheit gespiegelt. Dann hört man abwechselnd eine Frauenstimme und eine Männerstimme Namen verlesen. Namen, Namen, Namen. Namen der eineinhalb Millionen Kinder. Das ist es und kaum zu ertragen. Es ist wie ein Gang durch eine Art abstraktes Kindermassengrab. Ein Gang, bei dem einem die Füße schwer werden können. Ein unheimlich ergreifendes Denkmal in Jerusalem. Wie lange dauert es, bis eineinhalb Millionen Namen verlesen sind?

XIII.

Am späten Nachmittag bzw. am sehr frühen Abend ist die Stimmung am Platz vor der Westmauer von ganz besonderer Dichte: Dann steht das obere Drittel oder Viertel der Mauer noch ganz im Sonnenlicht, während sich über den unteren Bereich und auf dem Platz selbst schon eine Art Dämmerung ausbreitet. Kurz darauf färben sich auch die eben noch hellen Quaderreihen dunkel und die Kuppel des Felsendoms und ein nahes Minarett leuchten intensiv golden auf. Ein faszinierendes, lautloses Schauspiel, ein hinreißendes, zauberhaftes Lichtspiel vor einem transparenten, unwirklich intensiv zartblauen Himmel, dessen Farbe man vielleicht gar nicht beschreiben kann. – Unbedingt muss man auch den alten jüdischen Friedhof am Ölberg zur Zeit des Sonnenuntergangs etwa vom Dung-Tor aus sehen, wie er sich von der Bergeskuppe bis zum Kidron-Tal hinunterzieht, fast ohne Grün liegen und stehen Stein neben Stein, ein Friedhof, der während vieler Jahrhunderte entstanden ist, in früheren Zeiten belegt von frommen Juden, die auch im Tode dem ehemaligen Heiligtum des Tempels nahe sein wollten, um dabei zu sein, wenn Jeheskiels Weissagung in Erfüllung geht: "Alsdann werdet ihr einsehen, dass ich der Herr bin, wenn ich eure Gräber öffne und euch aus euren Gräbern als mein Volk heraushole. Ich lege meinen Geist in euch, dass ihr zu neuem Leben erwacht... " (37, 12-14).

Die alte Stadtmauer ist in der Dämmerung jetzt sanft beleuchtet von einem milden Licht, das dem weißgelben Jerusalemer Stein einen besonders warmen Ton verleiht, die Stadtmauer par excellence, über der sich ein heller, transparentblauer Himmel wölbt, an dem noch keine Sterne zu sehen sind, nur der zunehmende, helle halbe Mond. All das haben wir eigentlich so oder so ähnlich doch auch schon in den vorhergehenden Tagen gesehen, aber heute abend sehen wir es ganz anders und wie neu. Vielleicht sind gerade erste und letzte Blicke besonders intensiv, und vielleicht sieht man alles in seiner Einmaligkeit gerade erst dann, wenn man Abschied nimmt.

Wir gehen jetzt so langsam wie möglich, als ob wir damit die eilende Zeit irgendwie aufhalten könnten. Aber das befürchtete "Sanduhrenerlebnis" ist erstmals wieder unweigerlich da. Gegenüber des Rockefeller-Museums halten wir einen Augenblick inne; dort steht nämlich einer der großen grünen Verkehrs-Wegweiser mit weißer Inschrift in Richtung der Straße, die wir so oft von unserem Quartier hin und zurückgegangen sind. Heute lesen wir noch einmal die Namen, als ob wir sie nicht schon kennten: "Mt. Olives, A-Tur, Augusta Victoria", – die alte deutsche Kaiserin lässt zum Abschied grüßen, das von ihr anno dazumal gestiftete Hospital auf dem Ölberg wird weiterhin ihren Namen tragen.

XIV.

Theodor Herzl am 29. Oktober 1898 in Jerusalem: "Schluß der Ansprache an den Kaiser: Das ist das Vaterland von Ideen, die nicht einem Volke, nicht einer Konfession ausschließlich gehören. Je höher die Menschen in der Gesittung steigen, umso deutlicher erkennen sie das Gemeinsame in diesen Ideen. Und so ist auch aus der wirklichen Stadt Jerusalem mit ihren schicksalsvollen Mauern längst eine symbolische Stadt geworden, die allen Kulturmenschen heilig ist. – Ein Kaiser des Friedens zieht mächtig ein in die Ewige Stadt. Wir Juden grüßen Ew. Majestät in diesem hohen Augenblick und wünschen dabei aus tiefster Brust, daß ein Zeitalter des Friedens und der Gerechtigkeit anbrechen möge für alle Menschen. Auch für uns." (Th. Herzl 1923, S. 207)

Nach der Zerstörung des zweiten Tempels im Jahre 70 unserer Zeitreichnung haben nach den Römern viele andere Mächte Jerusalem zu beherrschen versucht, doch nur die Juden haben es immer geliebt. Und nur für Juden ist Jerusalem der ebenso einmalige wie unvergessene irdisch-religiöse Orientierungsort geblieben; denn durch alle Jahrhunderte haben sie am Sederabend,[77] dem Vorabend des Pessach-Festes, des jüdischen Osterfestes, gebetet: "Nächstes Jahr in Jerusalem!" Eigentlich, um dann endgültig zu bleiben: "Jerusalem immer in uns und wir immer in Jerusalem!"

---

[77] Erhard Roy Wiehn, "Pessach-Seder-Lecture", in: Erhard Roy Wiehn, NachLese. Konstanz 2016, S. 517 ff.

Während die Meinungen über mögliche Kompromisse mit den Palästinensern (und Syrern) sowohl in Israel, als auch bei den Juden in aller Welt bekanntlich weit auseinandergehen, kann es im Hinblick auf Jerusalem nicht den geringsten Zweifel geben: Jerusalem ist zwar auch eine heilige Stadt der Christen und Moslems, bleibt aber als das einzigartige und unvergleichliche Jeruschalájim das, was es immer gewesen ist: *Ir Dawid – Davidstadt –*, eine jüdische, israelische Stadt, die allerdings auch alle möglichen Andersgläubigen so gut leben lässt wie nie zuvor. Friede muss und wird unter allen Umständen unbedingt auch mit einer ungeteilten israelischen Hauptstadt Jerusalem möglich sein. Jeruschalájim bleibt als *Davidstadt* in der Seele des jüdischen Volkes, und Juden bleiben für immer in ihrer Stadt Jerusalem: "Vergesse ich dein, Jerusalem", sagt der Psalmist, "so werde meiner Rechte vergessen." (Psalm 137,5)

Zitierte Literatur

Theodor Herzl, Tagebücher. 1895-1904. Zweiter Band. Berlin 1923.

Kronprinz Friedrich Wilhelm, Tagebuch meiner Reise nach dem Morgenlande 1869. Bericht des preußischen Kronprinzen Friedrich Wilhelm über seine Reise zur Einweihung des Suez-Kanals. Herausgegeben von Hans Rothfels. Berlin 1971.

Jürgen Stroop Es gibt keinen jüdischen Wohnbezirk in Warschau mehr (Neuwied 1970; Foto Titelseite hier S. 23); SS-Gruppenführer u. Generalleutnant der Polizei (1895-1952) Jürgen Stroop kommandierte die Vernichtung des Warschauer Ghettos vom 19. April bis 16. Mai 1943; dazu hier S. 46 (vgl. E.R. Wiehn, Ghetto Warschau – Aufstand und Vernichtung 1943 fünfzig Jahre danach zum Gedenken. Konstanz 1993; Stroop-Titel S. 14 in Schönschrift).

Erhard Roy Wiehn u. Heide Mirjam Wiehn, DAJÉNU – Tagebuch eine Israelreise. Konstanz 1985, 2. erweiterte Auflage 1987.

Erhard Roy Wiehn, Eine denkwürdige Dienstreise nach Israel. (1987) Neuauflage Konstanz 2015.

Erhard Roy Wiehn (Hg.) Theodor Herzl – Auf der Insel Mainau, in Konstantinopel und in Palästina als Vater der israelischen Diplomatie 1898. Eine Hommage zum 120-jährigen Jubiläum – 70 nach der Gründung des Staates Israel. Mit Beiträgen der Botschafter a.D. Yosef Govrin und Yoel Sher. Konstanz 2018.

Dr. Drs. h.c. Erhard Roy Wiehn, M.A.

Professor (em.) im Fachbereich Geschichte und Soziologie; Veröffentlichungen vor allem zur Schoáh und Judaica; www.uni-konstanz.de/soziogie/judaica; https://de.wikipedia.org/wiki/Erhard_Roy_Wiehn